Annette Metzger
Petra Herhold

Zur sexualspezifischen Rolle der Frau in der türkischen Familie

X-Publikationen

CIP-Kurztitelaufnahme der Deutschen Bibliothek

Metzger, Annette:
Zur sexualspezifischen Rolle der Frau in der türkischen Familie: ihr Wissen, ihre Erfahrungen u. ihre Einsstellungen / Annette Metzger, Petra Herhold. - Berlin: EXpress Edition, 1982

(Reihe X-Publikationen)
ISBN 3 - 88548 - 022 - 0

NE: Herhold, Petra:

Verlag und Vertrieb: EXpress Edition GmbH
Kottbusser Damm 79
1000 Berlin 61 / Tel. 030 - 6932064

Druck WB-Druck, 8959 Rieden

“ Wenn sich eine Gesellschaft damit zufrieden gibt, die modernen Bedürfnisse nur des einen der beiden Geschlechter zu befriedigen, so ist diese Gesellschaft um mehr als die Hälfte geschwächt . . . ”

Mustafa Kemal

I. Vorwort

Die vorliegende Arbeit handelt von der Rolle, die türkische Frauen aufgrund ihres Geschlechts gezwungen sind zu spielen. Um den Begriff „Rolle" zu erklären, nehmen wir folgenden Vergleich zu Hilfe: Türkische Frauen erscheinen uns gewissermaßen wie Schauspielerinnen auf einer Bühne. Ihr Handlungsspielraum ist durch die türkische Gesellschaft bereits abgesteckt worden und somit relativ begrenzt. Das Drehbuch, das geschrieben wurde, ohne daß sie etwas dazu hätten beitragen können, legt sie auf ein bestimmtes Verhalten fest. Passen sie sich nicht diesem Verhalten an, so hat dies den Ausschluß vom Theaterstück zur Folge. Während Schauspieler aber die Möglichkeit hätten, an einem anderen Theater zu spielen, wird durch den Ausschluß der Frauen vom Theaterstück gleichsam ihr Leben ruiniert, da für sie kaum die Möglichkeit besteht, an ein anderes Theater, d.h. an eine andere Gesellschaft, Anschluß zu finden und sich gleichzeitig von allem Bisherigen vollständig zu lösen. Deshalb spielen türkische Frauen im allgemeinen die von ihnen verlangte Rolle und machen von ihren Handlungsspielräumen mehr oder weniger Gebrauch.

Natürlich spielen nicht nur türkische Frauen, sondern auch Männer in der türkischen Gesellschaft eine Rolle. Ihre Rolle schreibt ihnen allerdings eine höhere Stellung und mehr Freiheiten gegenüber den Frauen zu.

Wenn wir in unserer Arbeit speziell über die sexualspezifische Rolle der Frau schreiben, so bedeutet das nicht, daß deren Unterprivilegierung nur in diesem Bereich vorhanden ist. Von einer Unterprivilegierung der türkischen Frauen kann ganz allgemein gesprochen werden. Wir finden jedoch, daß sie in dem von uns bearbeiteten Bereich am offensichtlichsten ist, unter anderem, weil türkische Frauen größtenteils darauf beschränkt werden, Ehefrauen, Hausfrauen und Mütter zu sein.

Im Laufe unseres Projektstudiums traten wir in Kontakt mit türkischen Frauen und wurden dabei zwangsläufig mit deren spezifischen Problemen, die durch ihre Sozialisation, ihre Mentalität, ihr gesellschaftliches Umfeld mit seinen Normen und Wertvorstellungen und ihre Sprache entstehen, konfrontiert. Diesen Problemen standen wir größtenteils hilflos gegenüber. Bei dem Versuch, türkische Frauen verstehen zu lernen und mit ihnen ihre Probleme zu bewältigen, stellten wir fest, daß gerade zu unserem Thema bis jetzt noch wenig umfangreiche Literatur existiert. Deshalb haben wir uns entschlossen, selbst zu diesem Thema einen Beitrag zu leisten. Wir waren jedoch hierbei notgedrungen gezwungen, auf Untersuchungen älteren Datums zurückzugreifen, da uns aktuelles Material nicht vorlag, sofern überhaupt aktuelle Untersuchungen zu diesem Thema existieren. Wir hoffen, besonders denen, die mit Türkinnen Umgang haben, eine Hilfestellung zu geben. Vielleicht gelingt es uns darüber hinaus Verständnis für und Interesse an türkischen Frauen bei anderen Personengruppen zu wecken.

Zunächst versuchen wir die Erziehung türkischer Mädchen darzustellen. Hier wird deutlich werden, wie diese schon als Kinder zwangsläufig an ihre spätere Rolle als Frau herangeführt werden. Anschließend wird beschrieben, wie die Mädchen durch ihre Verheiratung aus der Abhängigkeit der Väter in die ihrer Ehemänner geraten und welchen Status sie innerhalb der neuen Familie innehaben. Wir versuchen deutlich zu machen, unter welchem Druck türkische Frauen stehen schwanger zu werden und wodurch der Verlauf ihrer Schwangerschaften gekennzeichnet ist. Daraufhin sollen, mittels einer Gegenüberstellung des Geburtsverlaufs in der Türkei und in Deutschland, bestehende Unterschiede aufgezeigt werden. Anschließend wollen wir darauf eingehen, wie türkische Frauen Familienplanung durchführen. Um diesen ersten, eher theoretischen Block, zu vervollständigen, halten wir es für nötig, auch das Thema Mißhandlung an türkischen Frauen anzusprechen und die Stellung der Frauen mit der islamischen Religion in Verbindung zu bringen. Durch die Befragung von Frauenärzten und der Pro Familia in bezug auf ihre türkischen Patientinnen versuchen wir dann eine Verbindung zur Praxis herzustellen, da unsere bisherige Arbeit hauptsächlich auf Aussagen von Literatur beruht. Interviews mit den Betroffenen sollen ihr Wissen, ihre Erfahrungen und ihre Einstellung aufzeigen. Dieser Teil der Arbeit soll das vorher beschriebene jedoch nicht bestätigen, sondern eher ergänzen. Es wird dabei deutlich, daß das allgemein bekannte Bild der anatolischen Frau nur bedingt zutrifft.Dies unserer Ansicht nach umsomehr,wenn türkische Frauen in Deutschland leben und schon Kontakte zu Deutschen geknüpft haben. Jedoch nur solche Frauen konnten wir befragen, da ein Interview über ein sexuelles Thema ein gewisses Vertrauen und darüber hinaus sprachliche Verständigungsmöglichkeit voraussetzt.

Angaben, die im Laufe unserer Arbeit über die Türkei gemacht werden, beziehen sich zum größten Teil auf die ländliche Bevölkerung, da diese ca. 60 Prozent der türkischen Gesamtbevölkerung ausmacht und davon ausgegangen werden kann, daß der überwiegende Teil der türkischen Frauen, mit denen wir in der Bundesrepublik zu tun haben, ursprünglich einmal „ländlich“ sozialisiert wurde. Es muß auch davon ausgegangen werden, daß die Stadtbevölkerung in allen Bereichen aufgeschlossener ist als

die Dorfbevölkerung. Genauso verhält es sich mit der Bevölkerung im Westen im Gegensatz zu der im Osten der Türkei. Die Übergänge sind jeweils fließend.
Natürlich treffen nicht alle unsere Angaben auf jede Türkin und jeden Türken zu. Es kann nie ein allgemeingültiges Bild gegeben werden.

II. Erziehung der Mädchen zur Frauenrolle

Bei der Erziehung der Kinder in der Türkei wird schon sehr früh eine geschlechtsspezifische Differenzierung vorgenommen.
Die Erziehung der Jungen soll diese auf die Leitung einer Familie vorbereiten, da sie später Beschützer, Ernährer und Gebieter von Frau und Kindern sein sollen. Sie werden in erster Linie von ihren Vätern und männlichen Verwandten in ihre Rolle eingewiesen (1). Im Gegensatz dazu gehört die Einweisung der Mädchen in ihre Rolle als Hausfrauen und Mütter zur Aufgabe der Mütter und weiblicher Verwandter.

1. Kindheit

In Sure 4 Vers 35 des Korans wird festgelegt, daß Männer vor Frauen bevorzugt werden sollen. Deshalb ist ein Mädchen schon von Geburt an benachteiligt, da es kein Junge ist.
Dies wird unter anderem auch daraus ersichtlich, daß Mädchen gegebenenfalls maximal zwei Jahre lang gestillt werden, während die Stillzeit bei Jungen sogar drei Jahre lang dauern kann (2).
Wesentliche Unterschiede in der Behandlung zwischen Mädchen und Jungen zeigen sich jedoch erst ungefähr ab dem fünften Lebensjahr. Während sich die Jungen größtenteils frei bewegen dürfen, ist der Lebensbereich der Mädchen von nun an fest an das Haus gebunden.
In den Städten gehört zu den täglichen Aufgaben der Mädchen das Helfen bei der Essenszubereitung und Servieren der Speisen, das Säubern der Wohnung und die Betreuung jüngerer Geschwister (3). Bei den Mädchen in ländlichen Gebieten kommt zusätzlich noch das Helfen bei der Feldarbeit hinzu.
Aufgrund dieser starken Arbeitsbelastung wird der Schulbesuch der Mädchen, trotz der allgemeinen fünfjährigen Schulpflicht, besonders in ländlichen Gebieten, oft vernachlässigt (4).
Während der Bildungsstand in den entwickelten Gebieten des Westens noch relativ hoch und bei Mädchen und Jungen annähernd gleich ist, nimmt er zum Osten hin stark ab, und die Differenz zwischen Mädchen und Jungen steigt an (5). Dies wird an folgender Statistik deutlich.

Alphabetisierungsgrad der Bevölkerung ab sechs Jahren nach Provinzen von Westen nach Osten (Angaben in %) (6) (Die Lage der jeweiligen Provinzen wird aus der Karte S. 102 ersichtlich).

	männlich	weiblich
Istanbul	87,37	69,93
Izmir	81,19	60,61
Ankara	82,95	58,35
Konya	72,78	44,45
Samsun	64,56	32,44
Trabzon	71,22	27,72
Agri	49,91	13,21
Adiyaman	46,00	12,60
Hakkari	35,55	7,79

Die Eltern halten es für erforderlicher, daß Mädchen eher Kenntnisse im häuslichen Bereich erwerben als schulisches Wissen, da dies für die spätere Rolle als Ehefrau, Hausfrau und Mutter nicht als dienlich erachtet wird. Auf diese Weise werden sie durch Unwissenheit bescheiden und abhängig gemacht (7). Trotz der wenigen Zeit, die ihnen noch verbleibt, müssen die Mädchen schon sehr früh mit dem Anfertigen ihrer Aussteuer beginnen.
Schöne und zahlreiche Aussteuerwäsche gilt als Statussymbol, zu dem auch die Mütter durch frühzeitiges Sammeln beitragen (8).

2. Pubertät

Mit Eintritt der Pubertät vergrößert sich die Kluft zwischen Mädchen und Jungen in noch stärkerem Maße, da ab jetzt von den Mädchen erwartet wird, daß sie „ erwachsen " sind.
Das Verhalten der Mädchen untersteht einer äußerst starken Kontrolle durch Eltern, Verwandte und Nachbarn. Sie alle wachen über die Sittsamkeit der Mädchen, die sehr eng verflochten ist mit der Ehre der Familie und ihrem guten Ruf (9). Bei sehr strenger Auffassung des Ehrbegriffs werden Kontaktmöglichkeiten zwischen unverheirateten Mädchen und männlichen Personen weitgehendst verhindert (10). Freundschaftliche Beziehungen und selbst flüchtige Kontakte zwischen den Geschlechtern werden schon aufs Schärfste verurteilt.
Fälle, wie der eines jungen Mädchens, das von einem Jungen angesprochen wurde und dem man daraufhin Unsittlichkeit unterstellte, sind nicht selten. Solche Mädchen werden oft verachtet und zu niederer und schwerer Arbeit herangezogen und sogar mit Mord bedroht (11). Selbst an der Kleidung wird Sittsamkeit beurteilt.
Wenn auch die Verschleierung des Gesichts nicht mehr in allen

Regionen der Türkei verlangt wird, so sollten jedoch Arme, Beine und besonders die Haare bedeckt sein (12). Meistens tragen die Frauen Inneranatoliens eine weite, bequeme Pumphose und dazu einen langärmeligen Pullover oder eine Bluse. Den Kopf verhüllen sie mit einem Tuch. Kleinere Mädchen tragen oft anstatt der Pumphose eine Hose, die den deutschen Schlafanzugshosen ähnelt, und darüber ein Kleid (13).

In Gebieten, in denen weniger gläubige Menschen leben, und in großen Städten sind die Bekleidungsvorschriften entsprechend lockerer. Immer aber müssen die Mädchen darauf bedacht sein, ihren Ruf untadelig und ihre Ehre unbefleckt zu erhalten. Dies bezieht sich besonders auf ihre Keuschheit und die Bewahrung ihrer Jungfräulichkeit vor der Verheiratung.

Die Jungfräulichkeit steigert den Wert der jungen Mädchen; außerdem müssen sie gesund sein, hart arbeiten können, geschickt, gutmütig und unterwürfig sein. Aufgrund dieser Vorzüge kann der Brautpreis, den der Vater des Bräutigams an die Brauteltern zahlen muß, gesteigert werden (14). Manche Eltern gehen sogar so weit, daß sie von ihrer vor der Heirat entjungferten Tochter verlangen, daß diese Selbstmord verübt, um die Ehre der Familie und ihre eigene zu retten, denn ein Mädchen ohne Ehre hat nur geringe Chancen verheiratet zu werden (15). Unter diesen Umständen läßt sich erklären, weshalb Chirurgen nicht selten gebeten werden, den Frauen ein zerstörtes Jungfernhäutchen nachzubilden (16). Früher wurde dem Ehrverlust durch eine frühe Verheiratung der Mädchen entgegengewirkt. Seit der Heraufsetzung des Mindestheiratsalters für Frauen auf 15 Jahre ist dies nicht mehr möglich (17).

Außerdem wichen die Eltern mit der frühen Verheiratung ihrer Töchter den mit der Pubertät verbundenen Konflikten zwischen den Geschlechtern aus (18). Eine sexuelle Aufklärung in den Familien, wie sie bei uns verstanden wird, findet in der Türkei im allgemeinen nicht statt.

Dieses Thema und alles, was damit verbunden ist, wird von seiten der Erwachsenen stark tabuisiert (19), so daß sich die Jugendlichen schämen, mit eventuell auftretenden Fragen an die Eltern heranzutreten. Es besteht generell die Meinung, daß Mädchen die Dinge, die für ein späteres Eheleben wichtig sind, sowieso durch eigene Erfahrungen innerhalb der Familie kennenlernen.

Vor allem auf dem Dorf kommen Mädchen früh mit Fragen der Geburt und Säuglingspflege in Kontakt, weil die Kinder überwiegend zu Hause geboren werden und ihre Anzahl groß ist (20). Darüber hinaus ist es den Mädchen noch möglich, den Geschlechtsverkehr bei Tieren zu beobachten oder mit Freundin-

nen spärliche Informationen zu sammeln (21). In den modernen Städten wird seit einiger Zeit versucht, Aufklärungsunterricht in den Schulen zu betreiben. Ansonsten sind Ärzte, Hebammen und Gesundheitsbeamte beauftragt, die Bevölkerung zu informieren. Es muß jedoch gesagt werden, daß diese Aufklärungsarbeit noch unausgereift und in jeder Hinsicht ungenügend ist.
Außerdem wird im allgemeinen unterstellt, daß Frauen keine Sexualität besitzen (22). Das einzige, was Mädchen durch ihre Mütter erfahren, ist die Art der Waschung, die, nach islamischer Tradition, nach jeder Menstruation und nach jedem Geschlechtsverkehr erfolgen sollte (23), um die Reinheit des Körpers wiederherzustellen.
Die Menstruation ist mit besonderer Scham belegt und im Koran wird sie als „Schande" und „Übel" bezeichnet, das verborgen werden muß (24). Türkische Mädchen in der Bundesrepublik Deutschland erfahren diesen traditionellen Erziehungsstil oft in noch stärkerem Maße als in der Türkei.
Die Mütter sind meistens nicht in der Lage, mit ihren Töchtern über Probleme in bezug auf Freundschaft und Sexualität zu sprechen (25). Diese Probleme tauchen überhaupt erst auf, wenn junge Türkinnen in Kontakt mit den freier lebenden deutschen Mädchen kommen. Türkische Mütter sind aber überfordert, weil ihnen solche Erfahrungen fehlen. Aus Angst, die jungen Türkinnen könnten ihre Unschuld verlieren und somit nicht mehr mit einem türkischen Mann verheiratet werden, halten es viele der Eltern für nötig, sie von allen äußeren Einflüssen abzukapseln (26).

III. Die verheiratete Frau

Die Verheiratung des jungen Mädchens ist der Höhepunkt in dessen Leben. Trotzdem stehen Liebe und Zuneigung zwischen den Partnern nicht im Vordergrund, sondern vielmehr die Verbindung zweier Familien und somit die Verfestigung gewünschter sozialer Beziehungen, die wirtschaftliche Gemeinschaft und die Sicherung der Geschlechterfolge, d.h. die Hervorbringung gesunder Söhne (27). Folgende drei Faktoren nötigen die Eheleute im Dorf, ihre Rechte und Pflichten wahrzunehmen: die gegenseitige Abhängigkeit der Partner und ihrer Sippen, die Verteidigung der Ehre und Rächung der Schande sowie die Meinung der Öffentlichkeit.
Eine unverheiratete Frau hat in der islamischen Gesellschaft einen schweren Stand und gerät leicht in schlechten Ruf (28). Außerdem wird ein Leben ohne Kinder von der Frau als unnütz empfunden. Deswegen ist sie bestrebt zu heiraten, da sexuelle

Betätigung nur innerhalb einer Ehe akzeptiert wird (29).

1. Brautwahl und Verlobung

Die Brautwahl wird, außer durch die Inzestverbote des Islam (Koran Sure 4 Vers 23 f.), durch keine formalen Regeln eingeschränkt.
Meistens trifft der Vater, wenn der Sohn 18 bis 20 Jahre alt ist, die Entscheidung ihn zu verheiraten, da der Militärdienst bevorsteht und ein Ersatz für seine Arbeitskraft gestellt werden muß. Der Vater teilt diesen Entschluß seiner Frau mit, welche diesen wiederum an ihre Freundinnen und Verwandte weitergibt. Die Frauen schauen sich nach einem geeigneten Mädchen um (30). Beachtenswerte Gesichtspunkte bei der Wahl der Braut sind deren unbefleckte Ehre, ihre Gesundheit, ihre Fähigkeit harte Arbeit zu leisten, ihre Unterwürfigkeit, ihre Geschicklichkeit und ihr Frohsinn. Weniger ausschlaggebend sind Schönheit des Gesichts und des Körpers sowie Bildung. Das Mädchen wird meistens aus dem Verwandtschaftskreis ausgesucht, was zum Vorteil hat, daß die Familien sich schon kennen und eventuelles Vermögen nicht in fremde Hände gegeben werden muß (31). Das als geeignet befundene Mädchen wird den Eltern vorgeschlagen, worauf die Väter der Heiratskandidaten in Kontakt treten. Ist der Vater der Braut ebenfalls mit einer Heirat seiner Tochter einverstanden, verhandeln die Väter über Formalitäten der Hochzeit, Art der Aussteuer und über den Brautpreis (32). Bei all diesen Verhandlungen haben die Mütter der Brautleute höchstens beratende Funktion; die Brautleute selbst werden in der Regel nicht befragt (33). Sind die Verhandlungen abgeschlossen, so gelten das Mädchen und der Junge als verlobt. Obwohl sich die Verlobten meistens von Kindheit an kennen, dürfen sie sich in sehr strengen Familien bis zur Hochzeit offiziell nicht treffen (34).
Die Entführung des Mädchens ist einerseits ein Weg, um die starren sexuellen und sozialen Normen zu durchbrechen, andererseits gibt sie einem jungen Mann die Möglichkeit ein Mädchen zu ehelichen, das vielleicht schon einem anderen Mann fest versprochen ist oder dessen hoher Brautpreis vielleicht nicht bezahlt werden kann. Für die Eltern des Mädchens steht nach dessen Entführung fest, daß es entjungfert wurde, und als einzige Lösung bleibt nun doch ihre Verheiratung mit diesem Mann, da von einem Mann erwartet wird, daß er ein Mädchen, das er verführt hat, heiratet (35). Weitere Möglichkeiten für ein Paar, sich die Zustimmung der Eltern zu erzwingen, sind das Überlaufen und das Entlaufen. Unter Überlaufen versteht man, daß das Mädchen in das Haus des Geliebten zieht. Hierbei geht, im Ge-

gensatz zur Entführung, die Initiative von dem Mädchen aus. Unter Entlaufen versteht man, wenn das Paar unter Obhut von Kupplern flieht (36). Unter diesen Voraussetzungen können die Verhandlungen über den Brautpreis zwischen dem Bräutigam und den Brauteltern weitergeführt werden.
Folgende Tabellen zeigen, inwieweit Eltern und Brautleute bei der Wahl ihrer Ehepartner übereinstimmen. Diese Zahlen wurden einer 1968 durchgeführten Untersuchung entnommen.

Verteilung der Heiratserlaubnis der Frauen nach Wohnort (in %).

Art der Entscheidung	Großstadt (Istanbul Ankara Izmir)	Stadt (ab 15000 Einw.)	Kleinstadt (2000-15000 Einw.)	Dorf (bis zu 2000 Einw.)	Türkei gesamt
Entscheidung der Eltern ohne eigene Zustimmung	7,7	12,5	11,3	11,8	11,4
Entscheidung der Eltern mit eigener Zustimmung	59,1	67,7	72,2	67,0	67,0
eigene Entscheidung mit Zustimmung der Eltern	29,6	12,0	10,5	10,0	12,5
von den Eltern fortgelaufen	3,3	7,1	4,3	9,2	7,6
vom Bräutigam entführt u.a.	—	0,7	1,7	2,1	1,6

Verteilung der Heiratsentscheidung der Männer nach Wohnort (in %) (37).

letzte Entscheidung	Großstadt (Istanbul Ankara Izmir)	Stadt	Kleinstadt	Dorf	Türkei gesamt
Eltern	13,2	29,1	34,3	47,8	38,8
andere Verwandte	2,1	3,6	5,4	11,3	8,1
eigene Entscheidung	81,1	65,7	58,3	39,1	51,1
sonstige	3,6	1,7	2,0	1,8	2,0

Es ist festzustellen, daß bei der Wahl des Ehepartners ein Unterschied in der Entscheidungsmöglichkeit zwischen Frauen und Männern besteht. Auffallend ist, daß Männer überwiegend ihre eigene Entscheidung fällen, während Frauen sich offensichtlich eher der Entscheidung ihrer Eltern anpassen. Insgesamt läßt sich auch ein Unterschied in der Entscheidungsfreiheit zwischen Frauen und Männern in den Städten und denen auf dem Dorf erkennen. Da die Zahlen aus dem Jahre 1968 stammen, ist anzunehmen, daß die Wahl des Ehepartners inzwischen zu einem höheren Prozentsatz bei den Heiratswilligen selbst liegt.
Im türkischen Zivilgesetzbuch ist festgehalten, daß niemand ohne sein Wissen und seine Einwilligung verlobt werden darf und daß ein Verlöbnis zur Treue und späteren Heirat verpflichtet. Besteht gegenseitiges Einverständnis, so kann das Verlöbnis gelöst werden; bei einseitiger Brechung des Verlöbnisses kann der andere Partner Schadenersatz fordern. Nach dem islamischen Recht hingegen entstehen durch das Verlöbnis für beide Seiten keine Rechte und Pflichten. Ebenso ist im Türkischen ZGB das Mindestheiratsalter festgelegt. Es beträgt bei Frauen 15 Jahre, in Ausnahmen 14 Jahre, und bei Männern 17 Jahre, in Ausnahmen 15 Jahre. Nach dem nicht mehr gültigen islamischen Recht lag das Mindestalter der „Frau“ bei neun Jahren, beim „Mann“ bei 15 Jahren (38).

1968 lag folgende Verteilung des Heiratsalters in Dörfern nach Geschlecht vor (in %) (39):

Heiratsalter	Frauen	Männer	Durchschnitt
jünger als 14 Jahre	9,6	1,5	5,7
14-15 Jahre	31,1	8,0	9,8
16-19 Jahre	40,6	39,9	38,8
20-24 Jahre	13,5	36,1	24,6
25-29 Jahre	1,0	12,5	6,6
30 Jahre und älter	0,5	4,3	2,3
nicht erfaßt	3,7	0,7	2,2

Allerdings ist auch hier zu erwarten, daß mit steigender sozioökonomischer Entwicklung das Heiratsalter ansteigt.

2. Hochzeitsnacht

Das Hochzeitsfest selbst wird vielfach noch nach Geschlechtern getrennt gefeiert (40). Eine Vielzahl der größtenteils unaufgeklärten jungen Mädchen sieht ihren Ehemann das erste Mal in der Hochzeitsnacht, in der dann auch die endgültige Entscheidung über die Verheiratung des jungen Paares gefällt wird. Da der Frau der erste geschlechtliche Verkehr erst in der Hochzeitsnacht gestattet ist, dient das durch die Defloration mit Blut befleckte Bettlaken als Beweis für ihre Jungfräulichkeit. Nach Begutachtung des Beweisstückes durch nahe weibliche Verwandte wird der endgültige Vollzug der Heirat der Öffentlichkeit, unter Umständen durch Gewehrschüsse, bekanntgegeben. Sollte dieser Beweis der Jungfräulichkeit nicht erbracht werden können, so soll es auch heute noch vorkommen, daß der Mann die Frau in der Hochzeitsnacht zu ihren Eltern zurückschickt (41). Damit ist die Ehe hinfällig und das künftige Leben der Frau zerstört (42). Vor diesem Hintergrund wird ersichtlich, unter welchem gesellschaftlichen Druck nicht nur das junge Mädchen, sondern auch dessen gesamte Familie stehen, und weshalb seitens der Verwandten mit großer Strenge vor der Hochzeit auf dessen Ehre geachtet wird (43).
Weitverbreitet ist die Auffassung, daß die Defloration mit Schmerzen und Blutverlust verbunden ist. Warum die Frau nicht geblutet hat, obwohl sie möglicherweise doch noch Jungfrau war, ist weniger von Interesse (44).

3. Status der Frau innerhalb der Familie

Mit ihrer Verheiratung geht die junge Frau in den Haushalt ihres Ehemannes über. Für sie ist es ein Wechsel von einer Dienstmädchenposition in die andere. Sie wird zwar im Haus der Schwiegereltern wie eine Tochter empfangen, steht aber im Rang nur wenig über den Kindern. Sie muß alle Arbeiten, zu denen sie herangezogen wird, ohne Widerrede verrichten. Zu ihren Aufgaben gehört die Versorgung des gesamten Haushaltes wie zum Beispiel Brot backen, Wasser holen, Essen zubereiten, nähen, putzen usw. Zudem hat sie die Pflicht, die Kinder der ganzen Familie großzuziehen und allen Familienmitgliedern, besonders den männlichen, das Leben so angenehm wie möglich zu machen und bei all dem unterwürfig zu sein (45). Zu all diesen Arbeiten fallen Frauen aus dörflichen Unterschichtsfamilien noch Feldarbeit und Versorgung des Viehs zu.

Durch ihre Teilnahme am bäuerlichen Produktionsprozeß haben diese Frauen eine tragende Bedeutung für die Existenz der Familie, und es werden ihnen deshalb innerhalb der Familienhierarchie mehr Rechte zugestanden (46). Ihre Position innerhalb der Familie ist vergleichbar mit der der Frauen in Gecekondufamilien. Auch diese tragen durch außerhäusliche Lohnarbeit zur Existenz der Familie bei (47). Die Veränderung der ehelichen Machtverhältnisse im Vergleich zur elterlichen Familie wird durch die anschließende Tabelle aufgezeigt. Die Untersuchung wurde 1968 in einem Gecekondugebiet von Izmir durchgeführt (48):

Antwort	Anteil in %
kein Unterschied	46,73
mehr Gleichberechtigung als in der elterlichen Familie	43,29
weniger Gleichberechtigung als in der elterlichen Familie	9,69

Die Annäherung der Rechte der türkischen Frau an die ihres Mannes zeigt sich zum Beispiel dadurch, daß ihr bei Entscheidungen, die die Besitzverhältnisse der Familie berühren, und bei Angelegenheiten wie Schulbesuch der Kinder, Verheiratung der Tochter Mitspracherecht und vielleicht sogar Entscheidungsbefugnis zusteht (49). Diese Anzeichen einer partnerschaftlichen Beziehung werden von der Öffentlichkeit jedoch kaum akzeptiert, obwohl seit den Reformen des Mustafa Kemal Atatürk das Türkische Zivilgesetzbuch Frauen und Männern die gleichen Rechte zuspricht.

Im allgemeinen läßt sich sagen, daß hauptsächlich der Mann für die außerfamilialen Kontakte zuständig ist, während sich die Frau überwiegend im häuslichen Bereich aufhält.

In ihrer freien Zeit treffen sich die Männer sehr oft in Teehäusern, die nur ihnen vorbehalten sind, während sich die Frauen gegenseitig zu Hause besuchen. Diese innige Gemeinschaft der Frauen bietet jeder einzelnen emotionalen Rückhalt (50). Hier können die Frauen über alle Lebensfragen sprechen und auf Hilfe in besonderen Situationen und Notfällen hoffen (51). Dies ist für die Frauen umso wichtiger, da die eheliche Verbindung fast ausschließlich auf wirtschaftlicher Zusammenarbeit und sexueller Gemeinschaft basiert (52). Es gilt als anstößig, wenn gegenseitige Zuneigung der Eheleute in der Öffentlichkeit ausgelebt wird. So kann eine Frau nicht erwarten, daß ihr Mann ihr Aufmerksamkeit entgegenbringt, solange andere Personen anwesend sind. Verwandte und Bekannte achten strang auf die Sittlichkeit der Frau, d.h. auf ihre absolute Treue gegenüber ihrem Mann.

Verfehlungen seitens der Frau werden nicht selten mit Ausschluß aus der Gemeinschaft bestraft. In ländlichen Gebieten besteht zuweilen das Risiko, daß die Frau aus dem Dorf verjagt oder sogar getötet wird (53). Selbst ihre eigenen Eltern können sich weigern, sie nach einer solchen Schandtat wieder aufzunehmen.

Für die junge Frau gibt es zwei Möglichkeiten, ihren Status innerhalb der Familie zu erhöhen. Die eine Möglichkeit besteht darin, daß sie Kinder gebärt. Also wird von ihr erwartet, daß sie innerhalb von sechs Monaten nach ihrer Hochzeit schwanger wird. Besondere Anerkennung und somit Aufstieg in der Rangskala der Familie erfährt sie bei der Geburt eines Sohnes. Je mehr Söhne eine Frau gebärt, desto höher wird ihr Status. Dadurch, daß die Söhne ihr zu höherem Ansehen verhelfen und andererseits das durch den Mann unbefriedigt gelassene Liebesbedürfnis ausgleichen, kann es zwischen Söhnen und Mutter zu einem sehr innigen Verhältnis kommen (54). Die andere Möglichkeit, daß ihr Stand in der Familienhierarchie erhöht wird, besteht darin, daß sie durch eine neue Schwiegertochter, die in die Familie einheiratet, abgelöst wird. Die Erhöhung ihres Ranges zeigt sich schon allein darin, daß sie von nun an nicht mehr „gelin" („Schwiegertochter", bedeutet auch soviel wie „komm!"), sondern „hanim" („Frau") genannt wird (55). Der höchste Rang, den eine Frau in ihrem Leben erreichen kann, ist der der Großmutter. Sie hat sowohl aufgrund ihres Alters und somit ihrer Erfahrung als auch aufgrund mehrerer Geburten eine den Männern fast gleichgestellte Position. Es steht ihr zu, gemeinsam mit den Männern zu speisen und an deren Gesprächen teilzunehmen (56).

4. Polygynie

Obwohl im größten Teil unserer Lektüre von Polygamie gesprochen wird, haben wir uns bewußt für den Begriff Polygynie entschieden. Während Polygamie allgemein die Ehe einer Person mit mehreren andersgeschlechtlichen Partnern bedeutet, wird

unter Polygynie speziell die Ehe eines Mannes mit mehreren Frauen verstanden. Die Polyandrie, die Ehe einer Frau mit mehreren Männern, ist in der Türkei nicht denkbar.
1926 wurde in der Türkei im Rahmen der Reformen durch Mustafa Kemal Atatürk die Polygamie gesetzlich verboten. Der Koran allerdings gestattet ausdrücklich die Ehe eines Mannes mit mehreren Frauen, unter der Bedingung, daß er sie gleich versorgt und behandelt.
Wie monographische Untersuchungen von Sahinkaya im Jahre 1966 in Zentralanatolien zeigen, kommt in 5 Prozent der Dörfer Polygynie vor. In diesen Dörfern leben durchschnittlich 6 Prozent der Männer in Polygynie. In einigen Dörfern sind es bis zu 25 Prozent. Amtliche Statistiken fehlen wegen des offiziellen Verbotes (57). Dieses Verbot wird damit umgangen, daß viele Ehen nur durch religiöse Zeremonien und nicht standesamtlich geschlossen werden, somit rechtlich also gar nicht existieren. Als Gründe für die Männer in Polygynie zu leben, gelten zum Beispiel das Nichtgebären von Söhnen und das Nachlassen der Attraktivität der Frau (58). Aber auch die Unfähigkeit der Frau, ihren Haushaltspflichten nachzukommen zum Beispiel bei chronischer Krankheit, die Verpflichtung für die Witwe und Waisen des Bruders zu sorgen sowie Vermögensbemächtigung können als Gründe angeführt werden (59). Da, wie wir oben erwähnten, der Mann seine Frauen gleich gut zu versorgen hat, ist es verständlich, daß die meisten der in Polygynie lebenden Männer reiche Bauern aus der dörflichen Oberschicht sind.
In den wenigen Dörfern im Osten der Türkei, in denen Polygynie noch vorzufinden ist, wird sie meist auch gesellschaftlich gebilligt und kann sogar zu Prestigeerhöhung führen. Frauen sehen diese Form der Ehe oft eher insofern positiv, als sie dadurch sowohl Gesellschaft als auch Hilfe bei ihren Hausarbeiten bekommen (60).
Unserer Meinung nach liegt die positive Einstellung der Frauen zur Polygynie in ihrer Sozialisation, die durch Erziehung zu Passivität, Anpassung, Unterwürfigkeit usw. gekennzeichnet ist, begründet. Wir sehen hier besonders deutlich, welches Ausmaß die Unterdrückung der Frauen durch die Männer annehmen kann. Wir empfinden es schon als erniedrigend, wenn ein Mann eine Frau dirigieren und sich von ihr bedienen lassen kann. Umso befremdlicher wirkt es auf uns, daß er seine Macht sogar auf mehrere Frauen ausüben kann, ohne daß sie sich gemeinsam dagegen auflehnen. Die Macht des Mannes ist aber gesellschaftlich bedingt und anerkannt und deshalb trotz der zahlenmäßigen, aber dennoch scheinbaren, Übermacht der Frauen unantastbar.

IV. Das Verhalten während der Schwangerschaft

Eine Frau wird in der türkischen Gesellschaft erst dann als vollwertige Frau gesehen, wenn sie bewiesen hat, daß sie fähig ist, lebende Kinder zu gebären. Wie oben bereits erwähnt, erhöht sich in erster Linie dadurch ihr gesellschaftlicher Status. Zudem wird durch viele Kinder die Zeugungskraft ihres Mannes unterstrichen, wodurch sich erklären läßt, daß auch der Mann an seine Frau die Erwartung stellt, daß sie viele Kinder zur Welt bringt. Auch wird durch viele Kinder die Altersversorgung der Eltern, besonders auf dem Land, gesichert.

Aus diesen Gründen wird verständlich, daß, wie Ilter Kayankaya feststellte, die Gebärmutter für eine türkische Frau von größter Bedeutung ist und Operationen, besonders an der Gebärmutter, abgelehnt werden. Auch dem Menstrualblut wird große Bedeutung beigemessen, da es unter den Türkinnen ein weitverbreiteter Irrglaube ist, daß damit giftige Stoffe aus dem Körper ausgeschieden werden. Allein schon deshalb sind sie beunruhigt, wenn die Blutung nicht eintritt; andere Krankheitszeichen finden nicht in dem Maße Beachtung (61). Dies ist unserer Meinung nach auf eine unzureichende Gesundheitsaufklärung zurückzuführen.

Für eine türkische Frau beginnt der Verlauf der Schwangerschaft nicht zum Zeitpunkt der Empfängnis, sondern erst dann, wenn für Familie und Umwelt äußere Erkennungszeichen dafür sichtbar werden. Nur der Ehemann wird schon früher davon in Kenntnis gesetzt (62). Als letzter soll es der älteste Mann der Familie erfahren (63). In bezug auf die Arbeitsbelastung während der Schwangerschaft ändert sich für eine türkische Frau kaum etwas. Grundsätzlich wird von ihr die gleiche Arbeitsleistung verlangt wie vor der Schwangerschaft. Dies trifft insbesondere auf die Landfrau zu. Es geschieht nicht selten, daß die Frau bei ihrer Feldarbeit die Wehen bekommt und ihr Kind an Ort und Stelle zur Welt bringt. Von Mutterschaftsurlaub wird in der Literatur nichts erwähnt.

Von einigen Fuldaer Frauenärzten erfuhren wir, daß sich viele türkische Frauen in der Bundesrepublik von dem Zeitpunkt an, an dem sie erfahren, daß sie schwanger sind, bis zum Schluß ihrer Schwangerschaft krank fühlen. Dies könnte darauf zurückzuführen sein, daß sie sich durch den Arzt Erleichterung am Arbeitsplatz sowie andere Begünstigungen erhoffen.

1. Traditionelle Regeln

In der Türkei gibt es für die Zeit der Schwangerschaft besondere Regeln, die von der Frau beachtet werden sollten. Diese Regeln

erfährt eine zum ersten Mal Schwangere von erfahrenen Frauen ihrer Familie. Es wird geglaubt, daß durch bestimmte Verhaltensweisen das Aussehen des Kindes beeinflußt werden kann.
Die Frauen denken, daß eine Schwangere ihr Kind verliert oder daß es zumindest schiefe Ohren oder schielende Augen bekommt, wenn sie etwas Gekochtes, dessen Geruch sie wahrnehmen kann, nicht zu essen bekommt. Leberflecke soll ein Kind an der Stelle des Körpers bekommen, an die sich die Mutter gefaßt hat, nachdem sie von Gastgebern angebotene Leckereien ohne zu fragen genommen hat. Es soll darauf geachtet werden, daß eine schwangere Frau überwiegend schöne Dinge zu Gesicht bekommt. Das Kind soll später Ähnlichkeit mit dem haben, den die Frau im Laufe ihrer Schwangerschaft am meisten angesehen hat. Viele Frauen kaufen sich deshalb schöne Puppen (64). Es wird aber auch geglaubt, daß das Kind dem ähnelt, dem die Mutter bei der ersten Bewegung des Kindes gegenübersteht (65). In ihrer Schwangerschaft sollte die Frau vermeiden, Tote, Kamele, Affen und Bären anzuschauen; sie sollte sich vielmehr auf schöne Menschen, Mond, Himmel, Blumen und Obst konzentrieren (66).
Auch zahlreiche Bräuche zur Bestimmung des Geschlechtes des Kindes werden der Schwangeren von den erfahrenen Frauen weitergegeben.
Bei einem dieser Bräuche wird ein an einem Faden hängender goldener Ring über den Bauch der liegenden schwangeren Frau gehalten. Bei kreisenden Bewegungen des Ringes soll ein Mädchen zu erwarten sein, bei seitlichem Ausschlagen ein Junge (67).

2. Schwangerenvorsorge

So selbstverständlich wie in der Bundesrepublik Deutschland ist in der Türkei ein Arztbesuch noch lange nicht. Das Netz der sozialen Sicherung ist dort noch ungenügend ausgebaut, so daß ärztliche Behandlung mit erheblichem Kostenaufwand für den Kranken verbunden sind, da ein großer Teil der Bevölkerung keine Krankenversicherung abgeschlossen hat. Zusätzlich erschwerend ist, daß, besonders auf dem Land, großer Ärztemangel herrscht.
Auf 9500 Personen entfällt ein Arzt, auf 3700 eine Hebamme (68).

Gesundheitswesen	1969	1970	1971	1972	1973
Medizinische Einrichtungen	5272	5510	5720	5763	–
Allgemeine Krankenhäuser	316	331	347	371	368
Gynäkologie und Geburtshilfe	32	30	30	30	32
Gesundheitszentren (für stationäre Behandlung)	289	291	295	301	305
Staatliche Arztpraxen in Provinzen ohne Gesundheitsdienst	468	449	449	449	–
Entbindungsheime (Mutter- und Kind-Zentren)	733	783	816	826	–
Betten in medizinischen Einrichtungen	69400	72000	74400	79900	82000
Allgemeine Krankenhäuser	42300	43300	47300	52200	53000
Gynäkologie und Geburtshilfe	4500	4600	4800	4700	5000
Gesundheitszentren	3700	3700	3700	3800	3000
Ärzte	13843	16514*	17365	18511	20868
Einwohner je Arzt	2546	–	2263	2137	1896
Krankenschwestern (einschließlich Hilfsschwestern)	8796	9436	14854	19242	–
Hebammen	11321	12176	13056	13556	16994

* einschließlich Ärzte aufgegebener Praxen (69)

Nur in jedem hundertsten Dorf kann eine Mütterberatung aufgesucht werden. Um dem Mißstand der Unterversorgung durch Hebammen entgegenzuwirken, werden laufend Hebammen ausgebildet (70). Wie wir selbst durch Erzählungen türkischer Hebammen erfahren konnten, sind sehr viele junge Mädchen an einer Hebammenausbildung interessiert, da diese sowie Unterkunft und Verpflegung vom Staat finanziert werden, sofern sich die Mädchen verpflichten, ihre ersten sechs, in Ausnahmefällen nur vier, Berufsjahre in ländlichen Gebieten zu absolvieren.
Aufgrund ihres geringen Erfahrungsschatzes sind diese jungen Hebammen allerdings oft nicht in der Lage, erfolgreich zu arbeiten. Ihnen fehlen Einfluß und Überzeugungskraft, um das Mißtrauen, welches ihnen entgegengebracht wird, zu überwinden (71). Unter diesen Umständen ist es nur allzu verständlich, daß Arztbesuche nur in besonders schwerwiegenden Fällen durchgeführt werden (72). Die schwangeren Frauen greifen, sollte bei Beschwerden von selbst keine Besserung eintreten, lieber erst zu Hausmitteln, die ihnen von alten, erfahrenen Frauen empfohlen werden. Diese Weisen genießen Achtung und Vertrauen in den Dörfern, da sie Bestandteil des traditionellen sozialen Systems und zudem für jeden erreichbar sind (73). Es ist also kein Wunder, daß sich bei den Frauen kein vorsorgeorientiertes Denken entwickelt (74).
Schwangerenvorsorge, wie sie in der Bundesrepublik durch die Krankenkassen ermöglicht wird, ist in der Türkei weitgehend unbekannt.
Während wir bei unserer Arbeit immer wieder darauf stießen, daß die Schwangerenvorsorge in der Bundesrepublik Deutschland durch Gastarbeiterinnen, insbesondere Türkinnen, im Vergleich zu Deutschen nur sehr unzureichend wahrgenommen wird (75/76/77/78/79), stellt als einzige die türkische Frauenärztin Ilter Kayankaya in ihrer Praxis in Frankfurt/Main das genaue Gegenteil fest.
Aber auch wir haben bei unserer Befragung von Fuldaer Frauenärzten erfahren, daß Türkinnen nicht im gewünschten Maße an Vorsorgeuntersuchungen teilnehmen. Wir können uns vorstellen, daß die positiven Erfahrungen, die Ilter Kayankaya bei Türkinnen in bezug auf Vorsorgeuntersuchungen gemacht hat, darauf zurückzuführen sind, daß ihr als Frau und Türkin mehr Vertrauen als deutschen Ärzten entgegengebracht wird. Furcht und Scham, aber auch teilweise unüberwindbare Sprachschwierigkeiten, hindern türkische Frauen, sich gynäkologisch untersuchen zu lassen. Nicht selten ist es der Ehemann selbst, der gynäkologische Untersuchungen an seiner Frau verbietet.
Wie auch in der Türkei wird zunächst zur Selbstmedikation ge-

griffen und erst bei akuten Komplikationen wie häufiges Erbrechen und Blutungen wird der Weg zum Arzt eingeschlagen (80).
Um türkische Frauen zu einer erhöhten Inanspruchnahme der Schwangerenvorsorge und -beratung zu motivieren, ist es ebenso wichtig, auf moralische Bedenken einzugehen und weibliche Ärzte zur Verfügung zu stellen wie die türkischen Männer von der Notwendigkeit der Vorsorge zu überzeugen.
Einen hohen Stellenwert sollte auch die Schwangerenberatung einnehmen, durch die psychologische Betreuung sowie seelische und körperliche Vorbereitung auf die Geburt erfolgen kann. Effektiver könnte eine solche Beratung mit türkischen Dolmetscherinnen gemacht werden. Denn es besteht ein enger Zusammenhang zwischen der Schwangerenvorsorge und -beratung und dem Verlauf der Schwangerschaft und der Geburt.
Als Schwierigkeiten, die zumindest teilweise durch Vorsorgeuntersuchungen vermieden werden könnten, werden Fehlernährungen, EPH-Gestosen (Zusammentreffen folgender Symptome: Gewebewassersucht, Bluthochdruck, Ausscheidung von Proteinen mit dem Harn), Schwangerschaftsanämien, Fettleibigkeit erwähnt, die ihrerseits unter Umständen zu Fehlgeburten, Frühgeburten, Totgeburten, Säuglingssterblichkeit und niedrigem Entwicklungsstand der Neugeborenen führen können (82/83/84).
Auch der Geburtsverlauf könnte bei den türkischen Frauen wesentlich erleichtert werden, wenn sie regelmäßig an Schwangerschaftsgymnastikkursen teilnähmen. Hieran hindert sie wiederum ihr Schamgefühl, das durch die Schwangerschaft und die damit verbundene Veränderung des Körpers noch gesteigert ist. Da sportliche Aktivitäten in der Türkei für Frauen ungewöhnlich und unüblich sind, ist leicht nachzuvollziehen, daß, die in der Türkei zudem unbekannte, Schwangerschaftsgymnastik abgelehnt wird.

V. Der Geburtsverlauf bei türkischen Frauen und der Gesundheitszustand der Neugeborenen

In den letzten zehn bis 15 Jahren hat die Zahl der Ausländerinnen, die in deutschen Kliniken entbinden, gravierend zugenommen. Die stärkste Gruppe unter ihnen sind die Türkinnen. Die bereits beschriebenen Probleme während der Schwangerschaft verstärken sich in dem Augenblick, in dem sie zur Entbindung in die Klinik kommen.
Oft sind die während der Schwangerschaft angelegten Mutterpässe lückenhaft und die Vervollständigung wird neben den Sprachschwierigkeiten noch dadurch erschwert, daß die Frau

jetzt unter der Geburt steht (85). Wir haben den Eindruck, daß die Ärzte den Gewohnheiten und der Mentalität der ausländischen Frauen vielfach hilflos und verständnislos gegenüberstehen.
Oft wird von unangepaßten Verhaltensweisen und mangelnder Disziplin gesprochen (86/87). Dies wird besonders den Türkinnen nachgesagt, die aus dörflichen Gebieten stammen und denen die Sitten und Regeln der Deutschen noch unbekannt sind (88). Es sollte aber in deutschen Krankenhäusern unbedingt Beachtung finden, daß die Geburtspraktiken, die die türkischen Frauen aus ihrer Heimat mitbringen, oftmals körperfreundlicher sind als die in Deutschland aus rationalen und praktischen Erwägungen entwickelten Methoden (89). Aus diesem Grund erscheint es uns erforderlich, daß die Wünsche der ausländischen Frauen von den Ärzten nach Möglichkeit berücksichtigt werden. Dies um so mehr, als auch deutsche Frauen in den letzten Jahren zur „natürlichen Geburt" tendieren.

1. Geburt in der Türkei

Die Krankenhausgeburt ist in der Türkei hauptsächlich nur in den Städten möglich, da in den ländlichen Gebieten Einrichtungen oder Personal dafür nicht immer vorhanden sind. Deshalb finden auch heute noch die meisten Geburten zu Hause statt.
Die werdende Mutter fühlt sich nie allein gelassen, da sie neben einer Hebamme von Frauen, die ihr vertraut sind, wie zum Beispiel ihrer Schwiegermutter, ihrer Mutter, ihrer Nachbarin, einer erfahrenen alten Frau aus dem gleichen Dorf usw., bei der Geburt unterstützt wird. Allerdings wird die Anwesenheit junger Mädchen, die selbst noch keine Kinder haben, als unschicklich angesehen (90).
Da die Frauen bis zum Ende ihrer Schwangerschaft auf dem Feld mitarbeiten müssen, bringen sie ihre Kinder nicht selten auch dort zur Welt. Deshalb tragen schwangere anatolische Frauen immer eine Rolle Nähseide, ein Stück Zitrone und ein Rasiermesser bei sich, um die Nabelschnur nach der Geburt durchtrennen zu können. Von den physischen Vorgängen während der Schwangerschaft und Geburt wissen die Dorffrauen äußerst wenig. Da sie auf Gott vertrauen und Hilfe von ihm erwarten, beten sie während der Wehen (91).
Sobald die Wehen eintreten, läuft die Schwangere, von den anwesenden Frauen unterstützt, im Zimmer herum. Zur Schmerzlinderung und zur Verbesserung der Kindeslage wird ihr der Bauch massiert. Spezielle Getränke wie zum Beispiel angemachter Eischnee in Wasser, Kaffee, Tee oder Kräuteraufguß sollen die Geburt positiv beeinflussen (92). In manchen mittelanatoli-

schen Dörfern ist es üblich, daß der Körper der Schwangeren kurz vor der Entbindung mit Fellen frisch geschlachteter Schafe bedeckt wird, um den Geburtsverlauf zu erleichtern (93).
Um einen guten Geburtsverlauf zu garantieren, gibt es außerdem bestimmte Regeln, die beachtet werden sollen. Zur Förderung und Beschleunigung der Öffnung des Muttermundes sollen sowohl die Haare der Gebärenden als auch alles sonstige Verschließbare im Haus offen sein. Ebenso wird geglaubt, daß, wenn Anwesende Arme oder Beine gekreuzt halten, die Gefahr besteht, daß sich das Kind mit der Nabelschnur stranguliert (94). Wehenschwäche soll dadurch entgegengewirkt werden, daß die Schwangere Wasser aus den Schuhen ihres Mannes trinkt (95).
Die Geschlechtsteile werden mit einem rakigetränkten und ölbetreufelten Tuch desinfiziert (96).
Sobald die Preßwehen beginnen, setzt sich die Gebärende auf eine Schüssel, die das Wasser der geplatzten Fruchtblase auffängt. Danach nimmt die Frau eine Haltung ein, die ihrem Körperempfinden entgegenkommt. Meist geht sie in eine halb sitzende, kniende oder hockende Stellung. In dieser Haltung preßt die Kreißende, wobei sie sich an einem über ihr angebrachten Seil oder an einer vor ihr stehenden Frau festhalten kann (97). „Das Kind fällt auf einen Stoffhaufen, in eine Schüssel, auf die Erde oder es wird von einer Frau aufgefangen(98)."
Mittels Durchpressen wird die Plazenta herausgebracht. Sollte dies der Frau schwerfallen, läßt man sie auf einer Flasche blasen, bringt sie zum Erbrechen und massiert den Bauch oberhalb der Gebärmutter. Dies führt zur Erhöhung des Bauchdrucks und somit zur Ausstoßung der Plazenta. Erst jetzt wird die Nabelschnur eine Handspanne breit vom Kind aus abgeschnitten, mit Puder bestäubt, aufgerollt und zusammengebunden (99).
Die Frau unterdrückt oft während des ganzen Geburtsvorganges aus Scham und Hemmung vor den bekannten Personen weitgehendst alle Schmerzäußerungen. Nachdem alles gesäubert und aufgeräumt ist und sich die entbundene Frau ins Bett gelegt hat, darf der Mann das Geburtszimmer betreten. Bei der Geburt ist er nie anwesend (100).
Der Mutter werden nach der Geburt Nahrungsmittel zur Stärkung und Anregung der Milchproduktion gereicht. Nahrungsmittel, die sich dazu eignen, sind Linsensuppe, Zwiebeln, Bohnen, Schafsleber, gekochter Mais, süße Mandeln, Sonnenblumenkerne, Milch und sehr süßer Sirup. Dem Neugeborenen träufelt man Zitronensaft in die Augen. Dies löst einerseits das Blut und wirkt antiseptisch und soll andererseits dem Kind strahlende Augen verleihen. In den Mund bekommt das Kind etwas Honig oder Zuckerwasser. Danach wird das Kind entweder mit Salz-

wasser übergossen oder mit Salz eingerieben, gebadet, mit Kräutern einbalsamiert, damit es gut riecht, und zum Schluß gewikkelt (101).
In manchen Gegenden wird das Kind nicht gebadet, sondern nur mit Salz oder warmer Erde eingerieben und gewickelt (102). Wie oft der Säugling gebadet wird, richtet sich nach der Menge des zur Verfügung stehenden Wassers und nach der Jahreszeit. In manchen Gegenden wird aber auch so lange gewartet, bis die Nabelschnur abgefallen ist. Spätestens zwölf Stunden nach seiner Geburt wird das Kind an die Brust gelegt; bis dahin bekommt es Zuckerwasser. Wenigstens in den ersten 40 Tagen nach der Geburt ist es üblich, daß das Kind im Bett der Mutter liegt (103). Auch in den türkischen Krankenhäusern werden Mutter und Kind nach der Geburt nicht voneinander getrennt (104). Nach islamischer Sitte ist es dem Ehemann verboten, innerhalb der ersten 40 Tage nach der Entbindung Geschlechtsverkehr mit seiner Frau zu haben, da sie in diesem Zeitraum als unrein gilt. Soweit sich keine Komplikationen ergeben, dauert das Wochenbett drei bis fünf Tage. Anschließend wird von der Frau erwartet, daß sie ihre Hausarbeit wieder aufnimmt. Sie darf aber während dieser 40 Tage das Haus nicht verlassen, es sei denn, die Familie ist so arm, daß sie auf ihre Arbeitskraft auf dem Feld nicht verzichten kann (105).
Viele Frauen stehen bei ihrer Entbindung Todesängste aus, da es noch relativ häufig vorkommt, daß Frauen, vor allen Dingen in den Dörfern, an den Folgen einer Geburt sterben (106). Oft tritt Wochenbettfieber ein, was durch mangelnde Hygiene zu erklären ist. Hierbei dringen Krankheitserreger, die zum Beispiel an den Händen, den Instrumenten oder der Kleidung der Geburtshelfer oder der Frau selber haften können, in die Geburtswunden ein (107). Nadeln, Brot und Zwiebeln unter dem Bett der Wöchnerin sollen in diesem Fall die Heilung bewirken (108). Es muß hier noch erwähnt werden, daß 28 Prozent der schwangeren Frauen ihre Kinder wegen schwerer Arbeits- und Lebensbedingungen und Ernährungsmängeln entweder tot oder behindert zur Welt bringen (109). 30,8 Prozent der befragten verheirateten Frauen gaben an, daß sie eine oder mehrere Fehlgeburten gehabt hätten (110).

1a) Stillen, Wickeln, Namensgebung und Bräuche

Auf das Stillen wird in der Türkei großer Wert gelegt. Das Kind wird, sobald die Mutter Milch hat, angelegt. Immer, wenn es schreit, wird es gestillt.Die Kinder werden oft sehr lange und abwechselnd mit jüngeren Geschwistern gestillt (111). Die folgende Tabelle gibt die Dauer der Stillzeit in Dörfern in Prozent an (112):

Alter des Kindes	Häufigkeit
bis zu neun Monaten	7,9
10 bis 12 Monate	15,2
13 bis 18 Monate	19,8
19 bis 24 Monate	29,5
älter als 24 Monate	18,3

Folgende Wickelmethode ist in der Türkei noch weit verbreitet: Der Säugling wird nach der Geburt angekleidet und mit Hilfe eines Tuches wie ein Paketchen verpackt. Arme und Beine sollen dadurch gerade gehalten werden, indem sie eng an den Körper gewickelt werden. Nur in kurzen Zwischenzeiten wird dem Bewegungs- und Forschungsdrang des Kindes freier Lauf gelassen. Es ist üblich, daß diese Wickelmethode bis zu neun Monaten beibehalten wird (113).

Die Frage der Namensgebung hat in türkischen Familien kein so großes Gewicht wie in deutschen. Die Entscheidung über den Namen fällt meist spontan nach der Geburt. Manchmal ist die Mutter für die Namen der Mädchen und der Vater, aber unter Umständen auch der Großvater, für die Namen der Jungen zuständig (114).

Das erste Mädchen in der Familie erhält oft den Namen „Birgül" oder „Bingül" („erste" bzw. „eine Rose" oder „tausend Rosen"). Sind schon mehrere Mädchen geboren und die Familie wünscht sich endlich einen Jungen oder sind überhaupt schon mehrere Kinder in der Familie, wird das Mädchen, welches das letzte sein soll, „Yeter" oder „Tamam" („genug"), „Durdu" („stop") oder „Döndü" („Wechsel") genannt. Bei Jungen gibt es Namen mit solchen Bedeutungen nicht, da sie immer erwünscht sind.

Neben vielen Bräuchen, die noch in der Türkei üblich sind, gibt es auch einige für die Beseitigung der Plazenta. Die Plazenta wird der „Kamerad des Babies" genannt und darf nicht einfach weggeschüttet oder verbrannt werden. Ihre Beseitigung ist je nach Gegend verschieden. Sie wird entweder begraben oder in fließendes Wasser geworfen (115). Sie kann aber auch den Hunden verfüttert oder bis zu ihrem Verfallen in den Kamin gehängt werden. Dies sind laut Menk, Mönch-Bucak und Reimers relativ hygienische Verfahren zur Beseitigung der Plazenta, da, wie sie berichten, es in der Türkei in manchen Gegenden keine Müllabfuhr gibt (116).

Der Nabelschnur wird besondere Bedeutung beigemessen. Sie

wird nach ihrem Austrocknen in ein Säckchen eingenäht. Damit das Mädchen seine Augen im Haus behält, wird seine Nabelschnur gerne im Nähkästchen aufbewahrt. Die des Jungen kann in der Moschee aufbewahrt und ihm bei späteren Reisen oder zum Militär mitgegeben werden. Es gibt aber auch noch andere Handlungsweisen, die zur guten Entwicklung des Kindes führen sollen. Der Koran in der Wiege des Kindes soll dieses vor gefährlichen Einflüssen schützen. Ebenso soll eine Nadel im Kopf - kissen von Mutter und Kind den Todesengel abhalten. An die Wand werden zum Schutz Zwiebeln, Knoblauch, Besen oder der Koran gehängt. Ein blauer Stein, „das Auge von Allah", kann an die Kleidung des Kindes angesteckt werden (117). So wird das Kind bis an sein Lebensende beschützt.

2. Schwierigkeiten bei der Geburt in Deutschland

Die Erfahrungen, die eine Frau in einer türkischen Großstadtklinik während ihrer Entbindung macht, unterscheiden sich kaum von denen, die sie in einer deutschen Klinik machen kann. Die Frau ist dann schon mit dem technischen Gerät und mit dem von den Ärzten bestimmten Geburtsablauf vertrauter. Man kann davon ausgehen, daß durch längere Aufenthaltsdauer und Berufstätigkeit in Deutschland die Anpassung gefördert wird. Hier fallen dann Schwierigkeiten weg, die vor allem bei Frauen aus ländlichen Gebieten der Türkei und bei Frauen, die noch nicht in einer türkischen Klinik entbunden haben, auftreten. Es muß aber gesagt werden, daß die meisten türkischen Frauen, die sich jetzt in der Bundesrepublik befinden, aus ländlichen Gebieten stammen und auch sie es sind, die die meisten Kinder bekommen. Für uns stehen bei diesen Frauen die Sprachschwierigkeiten an erster Stelle. Da weder Frau noch Geburtshelfer die Sprache des anderen, besonders auf diesem speziellen Fachgebiet, beherrscht, ist es keinem möglich, dem anderen Wünsche und Forderungen verständlich zu machen. Die Forderungen des Arztes stehen den Erfahrungen, die die Frau aus ihrer Heimat mitgebracht hat, jedoch entgegen. So kann die Frau zum Beispiel nicht mehr, wie sie es gewöhnt ist, bis kurz vor der Niederkunft herumlaufen, sondern ist, wenn sie womöglich noch an den Wehentropf angeschlossen ist, quasi ans Bett „gefesselt". Im überwiegenden Teil der deutschen Kliniken wird den Frauen bis jetzt noch nicht ermöglicht in Hockstellung zu gebären, sondern es ist erwünscht, daß sie auf dem Rücken liegend entbinden.

Da aber mittlerweile positive Gründe für die Hockstellung während der Geburt sprechen, wäre es erforderlich, daß von der üblichen Routine abgewichen und auf die Wünsche der Frauen eingegangen wird. Als positive Gründe werden stärkere Kontraktio-

nen, größerer Druck, bessere Durchblutung usw. angeführt (118). Auch die beschriebenen Bräuche, die die Nabelschnur und die Plazenta betreffen, werden nicht berücksichtigt.
Dadurch, daß es auch in der Türkei nicht üblich ist, daß Männer bei der Geburt anwesend sind, werden die Frauen mit Sicherheit auch durch die männlichen Ärzte irritiert. Auch bei unserer Befragung der Fuldaer Frauenärzte hörten wir oft von großer Scham und Befangenheit der türkischen Frauen ihnen gegenüber. Durchaus verständliches Mißtrauen und Angst werden den Frauen durch technische Geräte, die bei der Geburt benutzt werden, eingeflößt. Dies alles sind für türkische Frauen oftmals unbekannte und zugleich unbegreifliche Faktoren. Mit ihrer Angst können sie sich nicht einmal an ihre Mütter oder sonstige vertraute Frauen wenden, da deren Anwesenheit bei der Geburt in den seltensten Fällen zugelassen ist. Die Frauen fühlen sich allein gelassen und ausgeliefert.
Oft wird von Disziplinlosigkeit türkischer Frauen unter der Geburt gesprochen. Es wird bemängelt, daß sie viel schreien und hemmungslos sind, daß sie der Geburt entgegenwirken, indem sie beim Pressen nicht mithelfen und keine Entspannungsübungen machen und daß sie leise vor sich hinweinen und beten (119/120/121). Das, was als Disziplinlosigkeit bezeichnet wird, ist allerdings Ausdruck von Angst. Diese Angst führt zu einer allgemeinen Verkrampfung, welche wiederum die Schmerzen verstärkt. Hieraus entwickelt sich ein Kreislauf, der unter den oben genannten Umständen nur sehr schwer oder gar nicht zu durchbrechen ist, da sich auch kein Vertrauensverhältnis zwischen der Gebärenden und den Geburtshelfern bilden kann (122).
Außerdem besteht kaum die Chance, daß durch Wissen Angst abgebaut und auf diese Weise der Kreislauf unterbrochen werden kann, da die wenigsten türkischen Frauen über Vorgänge bei der Geburt Bescheid wissen (123).
Dies alles können unter anderem Gründe dafür sein, daß es bei Ausländerinnen, insbesondere bei Türkinnen, zu Gefahrenzuständen von Mutter und Kind kommen kann.

2a) Komplikationen und Operationen

Kann der Kreislauf Angst-Verkrampfung-Schmerz nicht durchbrochen werden, und die Schmerzäußerungen der Gebärenden werden den Geburtshelfern zu stark, so werden häufig Schmerzmittel verabreicht (124). Einen besonders hohen Verbrauch an Analgetika hatten Ausländerinnen mit Sprachschwierigkeiten, nämlich 32 Prozent, während nur 12 Prozent der Ausländerinnen ohne Sprachschwierigkeiten Analgetika benötigten (125). Der Analgetikaverbrauch bei der Geburt ist bei Ausländerinnen

insgesamt höher als bei Deutschen. Bei steigendem Analgetikaverbrauch sinkt die Stärke der Geburtswehen (126). Dies kann zur Verzögerung der Geburt oder sogar zu Geburtsstillstand führen, was in vielen Fällen eine Kaiserschnittoperation erforderlich macht. Auch bei Beckenanomalien werden Kaiserschnittoperationen durchgeführt. Beckenanomalien sind zum Beispiel das allgemein und rachitisch verengte Becken, das lange Becken, das relative Mißverhältnis, der hohe Geradstand (regelwidrige Stellung des Kopfes im Beginn der Geburt) und die Deflexionslagen (die Entfernung des kindlichen Kinns von der Brust). Bei 58 Prozent der Ausländerinnen im Gegensatz zu nur 19 Prozent der Deutschen führte eine solche Beckenanomalie zur Schnittentbindung. Bei Deutschen ist das rachitische und das allgemein verengte Becken inzwischen fast völlig verschwunden. Bei anderen Indikatoren, die auch noch zu einer Kaiserschnittentbindung führen können, konnten bei Ausländerinnen entweder gleiche oder sogar niedrigere Prozentsätze festgestellt werden. Insgesamt ist die Zahl der Schnittentbindungen bei Ausländerinnen doppelt so hoch wie bei Deutschen. Dies stellte Saurwein zwischen dem 20.1.1964 und dem 31.12.1968 bei 7465 Deutschen und 297 Ausländerinnen, davon 30 Prozent Türkinnen fest (127).
Wittlinger, Beck und Brander stellten bei ihrer Untersuchung vom 1.1.1966 bis 31.12.1969 fest, daß bei 20,53 Prozent der Ausländerinnen kindliche Gefahrenzustände zu einer Schnittentbindung führten, während dies bei nur 7,19 Prozent der Deutschen der Fall war (128).
F. und G. Schliemann konnten bei ihrer Untersuchung vom 1.1. 1969 bis 30.6.1973 feststellen, daß bei den Türkinnen die häufigste Indikation kindliche Erstickungszustände waren. Die Geburt wurde dabei durch vaginale Operationen beendet. Dies ist um so verwunderlicher, zumal die Türkinnen zumeist im optimalen Gebäralter zwischen 18 und 30 Jahren lagen und im Vergleich zu den Deutschen schon mehr Kinder entbunden hatten (129). Vielfach ist es schwierig, von Ausländerinnen das Einverständnis für einen Kaiserschnitt zu bekommen. Saurwein führt dies auf mangelnde Kenntnisse der weiblichen Anatomie und der geburtshilflichen Konsequenzen zurück (130). Es kann aber bei Türkinnen zum Beispiel auf ihre schlechten Operationserfahrungen in der Türkei zurückgeführt werden. Dort nämlich sind vorbeugende Operationen weigehendst unbekannt und nötige Operationen werden solange wie möglich hinausgezögert. Deshalb werden Operationen meistens zu spät durchgeführt und enden nicht selten tödlich (131).
Bei der Häufigkeit der Anwendung von Geburtszange und Saugglocke gibt es keinen bemerkenswerten Unterschied zwischen

Ausländerinnen und Deutschen bzw. zwischen Türkinnen und Deutschen (132/133).
Der Zustand des Neugeborenen ist, wie bereits erwähnt, wesentlich vom regelmäßigen Besuch der Schwangerenvorsorgeuntersuchungen abhängig. Da Türkinnen diese in der Regel nicht zuverlässig wahrnehmen, kann man davon ausgehen, daß ihre Kinder häufiger als deutsche eine niedrige Apgar-Zahl haben, Totgeburten sind oder noch kurz nach der Geburt sterben. (Apgar-Schema: Punkte-Schema zur Beurteilung des Neugeborenen unmittelbar nach der Geburt. Es werden Herzschlagfrequenzen, Atmung, Muskeltonus, Reflexauslösbarkeit und Hautfarbe eine Minute nach der Geburt beurteilt und in Punkten 2, 1 oder 0 ausgedrückt. Die Summe der Punkte ergibt die Apgar-Zahl; dabei bedeuten 10 Prunkte den Normalzustand, bei 6-9 Punkten ist das Kind gefährdet, bei unter fünf Punkten schwebt es in Lebensgefahr. (134)

3. Säuglings- und Kindersterblichkeit

In der Türkei ist die Säuglingssterblichkeit bis heute immer noch sehr hoch. Folgende Tabelle verdeutlicht dies (135):

Land	Säuglingssterblichkeit (pro Tausend)
USA	22
Sowjetunion	26
Italien	29
Griechenland	31
Türkei	153
auf dem Land	168
in der Stadt	113

Unter diesen Bedingungen ist es verständlich, wenn eine türkische Mutter zu ihrem neugeborenen Kind nicht sofort eine so starke emotionale Beziehung aufbaut wie zum Beispiel eine deutsche Frau. Die Türkin muß auch noch lange nach der Geburt damit rechnen, daß ihr Kind aufgrund von Fehl- oder Mangelernährung und unzureichender hygienischer Verhältnisse erkrankt und unter Umständen stirbt.
In den Jahren 1966/67 starben im Durchschnitt in der gesamten Türkei 20 Prozent der Kinder bis zu ihrem fünften Lebensjahr (136). in den unterentwickelten Regionen wird die Kindersterblichkeit auf 50 Prozent geschätzt (137).
Auch in Deutschland wird auf eine höhere Säuglingssterblichkeit bei Ausländern im Vergleich zu Deutschen hingewiesen (138/139). Saurwein fand eine doppelt so hohe Säuglingssterblich-

keit vor, bei Ausländern 11 Prozent, bei Deutschen 5 Prozent (140). Die Säuglingssterblichkeit können folgende Faktoren begünstigen:starke körperliche Belastung wie zum Beispiel die der Fabrikarbeiterinnen,geringe Schulbildung, die eine Informationsbeschaffung erschwert, ungünstige Wohnsituation, unausgewogene Ernährung, die Tatsache, daß das Kind unerwünscht ist, unzureichende ärztliche Versorgung und Vorsorge oder ähnliches.

4. Krankheitsvorsorge bei Kindern

Ebenso wie die Schwangerenvorsorge werden auch die Vorsorgeuntersuchungen und Impfungen für Kinder nur sehr gering durch die Ausländer wahrgenommen. Impfungen erfolgen nur insoweit, als sich die Kinder noch im Krankenhaus befinden oder als sie in der Schule reihenärztlich durchgeführt werden.
Als in den Jahren 1970 bis 1974 insgesamt 87 Kinder an Polio erkrankten, waren 53 ausländische und davon 44 türkische Kinder betroffen (141). Diesen Kindern fehlte die natürliche Durchseuchung wie sie zwischen dem ersten und dem dritten Lebensjahr erfolgen soll (142). Auch Tuberkuloseerkrankungen, die teilweise bei der Einreise mitgebracht werden, sind häufig (143). Auch die Rachitisprophylaxe ist mangelhaft (144).
Aufgrund mangelnder Beteiligung an Vorsorgeuntersuchungen und ärztlicher Kontrolle kann eine Früherkennung von Krankheiten nicht stattfinden.
Häufig auftretende Krankheitsbilder bei ausländischen, vor allem türkischen, Kindern sind Erkrankungen der Atemwege, Magen-Darm-Erkrankungen, eitrige Hautkrankheiten, Würmer, Tuberkulose, Hepatitis und Magenschleimhautentzündungen. (145)
Auch hier ist es erforderlich, daß die Eltern durch Aufklärung von der Notwendigkeit der Durchführung aller Impfungen und Vorsorgeuntersuchungen überzeugt werden.

VI. Methoden der Familienplanung bei türkischen Frauen

In der Türkei wird Familienplanung kaum durchgeführt. Ein Grund dafür ist höchstwahrscheinlich auf den Koran zurückzuführen. Ein Teil der Bevölkerung ist noch heute der Auffassung, daß alle Kinder gottgewollt sind und daß für ihr Wohlergehen und ihre Versorgung durch ihn gesorgt wird. Außerdem ist der Zwang, unter dem die Frau steht, nämlich einen Jungen zu gebären, so stark, daß sie in der Hoffnung darauf sehr oft schwanger wird und viele Kinder gebärt. Gerade der Mann, dessen Ehre von der Zeugung vieler Kinder, insbesondere der Jungen, abhängig ist, steht einer Familienplanung im Sinne von Empfängnisverhütung häufig im Wege. Die Entscheidung, ob Familienplanung durchgeführt werden darf, hängt vom Mann ab, die Durchführung ist allein Sache der Frau. Bei der Durchführung von Empfängnisverhütung können aber dann trotzdem noch Schwierigkeiten auftreten, und zwar insofern, als es für viele Frauen problematisch ist, sich geeignete Informationen zu beschaffen. Dies ist besonders in ländlichen Gegenden der Fall, wo die Frauen weitgehend vom öffentlichen Leben ausgeschlossen und auf den häuslichen Bereich beschränkt werden. Auf das große Analphabetentum unter Türkinnen, was die Informationsbeschaffung durch Bücher, Broschüren und andere Aufklärungsschriften, soweit sie in der Türkei verbreitet sind, erschwert,wurde bereits hingewiesen. Ein weiterer Punkt,der gegen Empfängnisverhütung spricht, ist die Tatsache,daß in der Türkei nur ein geringer Prozentsatz der Bevölkerung sozialversichert ist.Deshalb hoffen viele im Alter auf die Unterstützung ihrer Kinder,wobei sie miteinberechnen müssen,daß einige bereits im Kindesalter sterben.
Aus diesen Gründen läßt sich erklären, warum viele Türkinnen bereits mit 25 Jahren durchschnittlich 10 bis 12 Schwangerschaften, einschließlich Fehl- und Totgeburten, hinter sich haben (146). Für die Regierung jedoch steht als Argument für Empfängnisverhütung nicht die Gesundheit der Frauen im Vordergrund, sondern in erster Linie die Verbesserung der wirtschaftlichen Lage der Bevölkerung. Aufgrund der Senkung des Bevölkerungswachstums sollen auch Bildungs- und Informationsstand, hygienische Verhältnisse, Ernährung, Familieneinkommen usw. verbessert werden.

1. Das türkische Familienplanungsgesetz

1965 wurde in der Türkei ein Gesetz zur Familienplanung erlassen, um das schnelle Bevölkerungswachstum einzudämmen. Das Gesetz verlangt, daß der Bevölkerung einsichtig gemacht wird, daß Familienplanung notwendig ist. Es verlangt außerdem die

Förderung der Verteilung kostenloser oder preiswerter medizinischer Verhütungsmittel (147). Im Rahmen eines Familienplanungsprogrammes werden generell folgende Maßnahmen ergriffen: Es werden Beratungsstellen und Kliniken eingerichtet, in denen Auskunft über die verschiedenen medizinischen Empfängnisverhütungsmethoden sowie die Mittel selbst erhalten werden können. Die Bekanntmachung dieser Einrichtungen kann durch Massenmedien oder lokale Kommunikationsmittel erfolgen (148). Schwierigkeiten bei der Durchführung des Gesetzes ergaben sich einerseits durch die Unfähigkeit der Verwaltungen, Aktionen zu organisieren, und andererseits durch die Bevölkerung, die aus den bereits beschriebenen Gründen die Familienplanung ablehnt (149). Allerdings wurde bei einer offiziellen Untersuchung des Staatlichen Planungsamtes der Türkei in 240 Dörfern (bis zu 2000 Einwohner), 64 Provinzkreisstädten (2000 bis 15000 Einwohner) und zwei kleinen und drei großen Provinzstädten, wobei 5100 Personen befragt wurden, folgendes festgestellt:

Stellungnahme zur Familienplanung nach Geschlechtern (in %)

Stellungnahme	männlich	weiblich
Familienplanung erwünscht	47	62
Familienplanung nicht erwünscht	43	22
sonstiges	10	16

Diese Tabelle (150) finden wir insofern problematisch, da die Angaben das infrage stellen, was vorher des öfteren beschrieben wurde; nämlich daß es für Türkinnen und Türken viele Gründe gibt, Familienplanung abzulehnen und nicht durchzuführen. Laut Tabelle ist jedoch von 62 Prozent der Frauen und von 47 Prozent der befragten Männer Familienplanung erwünscht. Es ist zu bemerken, daß Tabellen und Statistiken immer mit Vorsicht zu genießen sind.
Die Unzulänglichkeit der Arbeit der Verwaltungen zeigt sich auch darin, daß offensichtlich nicht die gesamte Bevölkerung durch die Beauftragten der Organisation für Bevölkerungsplanung erreicht wurde. So wurden zum Beispiel von den oben genannten 240 Dörfern nur 73 % besucht (151).
Unserer Meinung nach ist ein solches Familienplanungsgesetz schon von vornherein zum Scheitern verurteilt, da „das Pferd von hinten aufgezäumt" wird. Es müßte zunächst damit begonnen werden, die gesellschaftlichen, medizinischen und wirtschaftlichen Gegebenheiten zu verbessern. Infolge dieser Verbesserun-

gen dürfte es leichter fallen, die Bevölkerung von der Notwendigkeit der Familienplanung zu überzeugen, sofern sie sich nicht schon selbst davon überzeugt hat und Familienplanung zur Verminderung der Familiengröße praktiziert.

2. Kinderwunsch

Familienplanung beinhaltet nicht nur Empfängnisverhütung, sondern erstreckt sich auch auf die bewußte Einleitung einer Schwangerschaft und die Planung der Kinderzahl. Wie bereits erwähnt, gewinnt eine türkische Frau nämlich in erster Linie dadurch gesellschaftliches und daraus resultierendes familiäres Ansehen, indem sie Kinder zur Welt bringt. Da auch das Gelingen der Ehe daran gemessen wird, übt auch ihr Mann starken Druck auf sie aus. Eine kinderlose Frau gilt schon fast als körperlich unnormal. Der Kinderwunsch einer türkischen Frau geht also nicht unbedingt von ihr selbst aus, sondern er entsteht eher unter dem Druck, der von außen auf sie einwirkt.

Die türkische Bevölkerung und somit auch die Frauen selbst sind im allgemeinen davon überzeugt, daß Kinderkriegen allein Sache der Frauen ist und daß Kinderlosigkeit auf deren Unvermögen zurückzuführen ist. Daß der Grund für Kinderlosigkeit auch beim Mann zu suchen sein könnte, ist so gut wie unvorstellbar (152).

Frauen, die als unfruchtbar gelten, wird empfohlen, kleine Gegenstände aus 40 Häusern zu sammeln und diese bei sich zu Hause aufzubewahren, um dadurch ihre Fruchtbarkeit wiederzuerlangen (153). Außerdem kann eine Frau, die sich bisher vergeblich ein Kind wünschte, Wallfahrten zu einem Mausoleum unternehmen oder Opferversprechungen machen. Auch kann sie zu einem Hodscha, einem islamischen Priester, gehen, der ihr Suren aus dem Koran vorliest oder diese auf einen Zettel schreibt, den sie dann an einer Kette um den Hals tragen muß. Sie kann auch Wasser trinken und Trauben essen, die ihr vom Hodscha gereicht werden. Weiterhin gibt es viele von Generation zu Generation weitergegebene Hausmittel, um schwanger zu werden. In der Region um Adana werden in einem Kessel Kräuter, Mist von verschiedenen Tieren und Wasser zum Kochen gebracht, und die Frau setzt sich über den entstehenden Dampf. In den folgenden elf Tagen trinkt sie von dem Sud. In der Region um Antalya glaubt man, daß Ingwer, eine weiße Zwiebel und Kümmel, in saubere Gaze gewickelt, in Olivenöl getränkt und in die Scheide eingeführt, einer Frau zur Schwangerschaft verhelfen. In wieder anderen Gegenden des Landes wird eine Paste aus Eiern und Kalk auf den Lendengürtel der Frau aufgetragen, womit sie eine Stunde auf dem Bauch liegen bleiben soll. Außerdem kann sie auch warme Quellen besuchen oder ihren Leib für eine Nacht hochbinden. Um die Zeugung eines Jungen zu erreichen, was jede Frau anstrebt, gibt es noch zusätzliche Maßnahmen. An ihrem Hochzeitstag nimmt die Frau einen Jungen auf ihren Schoß. Weiterhin kann man ihr vor dem Beischlaf einen Jungen ins Bett legen. Die Frau sollte auch darauf achten, daß sie sich vor dem Beischlaf auf die rechte Seite legt und auch von dieser Seite wieder aufsteht (154).

3. Empfängnisverhütung

Die meisten türkischen Frauen sind über die Verhütung von Schwangerschaften nur sehr unzureichend informiert.

Dazu muß erklärend gesagt werden, daß in der Türkei bis zum Erlaß des Familienplanungsgesetzes im Jahre 1965 die Verteilung und der Verkauf von Verhütungsmitteln gesetzlich verboten war. Erst der 1963 gegründete Verein zur Familienplanung bewirkte die Aufhebung des Verbotes und die Verabschiedung des oben beschriebenen Familienplanungsgesetzes (155).

Jedoch auch vor der Bekanntmachung medizinischer Verhütungsmethoden behalfen sich die Frauen wiederum mit Hausmitteln. Diese Methoden sollen auch heute noch sowohl in der Türkei als auch in Deutschland angewandt werden.

Von türkischen Frauen wird angegeben, daß sie zur Verhütung von Schwangerschaften zum Beispiel eine Vaginalspülung mit Seifenlauge und ein paar Tropfen Zitronensaft vor dem Geschlechtsverkehr durchführen (156). Oder sie führen sich Streichhölzer in die Scheide ein, von deren Schwefelköpfen sie sich eine besondere Wirkung versprechen. Es wird auch von Frauen berichtet, die sich Kräuter, vermutlich Blätter von Himbeerbüschen oder Aspirin in die Gebärmutter einführen (157).

Der Coitus Interruptus wird sehr häufig praktiziert.

Aber auch jetzt, seit der Legalisierung, Bekanntmachung und Verbreitung medizinischer Verhütungsmittel, die sicherer sind, stehen die Frauen diesen ablehnend gegenüber. Sollten sie Verhütung betreiben, so steht an erster Stelle die Anti-Baby-Pille. Jedoch bestehen öfters Schwierigkeiten bei der Anwendung. Viele Frauen nehmen die Pille nicht regelmäßig, sondern nur vor jedem Geschlechtsverkehr ein. Oder sie wechseln ihr Präparat mitten im Zyklus, wenn sie zum Beispiel auf Heimaturlaub in der Türkei sind. Frauen, die die Anti-Baby-Pille ablehnen, geben dafür folgende Gründe an:

— die Angst, krank zu werden, Krebs zu bekommen
— die Angst, gegen den Willen Allahs zu handeln
— das Verbot des Ehemannes
— Beschwerden, wie Kopfschmerzen, Übelkeit

Bisherige Verhütungsmittel nach Nationalitäten (in %) (159)

Verhütungsmittel	Griechen	Italiener	Jugoslawen	Portugiesen	Spanier	Türken
Pille	15,4	26,0	35,0	35,1	26,9	46,5
Kondom und chemische Mittel	—	3,1	—	—	—	0,1
Nur Kondom	9,0	3,5	2,7	2,0	4,5	1,2
Pessar und chemische Mittel	0,6	0,4	—	—	—	0,1
Nur chemische Mittel	1,3	2,7	1,4	16,2	1,5	1,5
IUP	—	0,8	0,9	—	1,5	1,5
Sterilisation (Frauen)	—	0,4	0,3	—	—	0,1
(Männer)	—	—	0,6	—	—	—
Zeitwahl	1,9	3,1	5,4	8,1	9,0	1,2
Pille danach	—	—	0,6	—	—	—
Coitus Interruptus	6,4	7,4	5,7	8,1	4,5	10,0
3-Monats-Spritze	—	0,4	0,3	2,7	—	0,6
Keine Mittel, Verkehr	62,5	50,0	45,8	27,0	50,8	34,4
Keine Mittel, kein Verkehr	—	1,9	—	—	—	2,5
Andere Methoden	—	—	—	—	—	0,5

— Furcht vor bleibender Kinderlosigkeit
— Angst vor Gewichtszunahme.

Auch Pessaren (Spirale und Kupfer-T) stehen die Frauen skeptisch gegenüber. Ebenso wie bei der Anti-Baby-Pille steht die Angst vor Krebserkrankungen im Vordergrund, aber auch die Angst vor einem solchen Fremdkörper in der Gebärmutter wird oft erwähnt.

Sollten zum Beispiel Schmierblutungen nach dem Einsetzen eines Pessars auftreten, so verlangen viele Türkinnen die sofortige Entfernung (158).

Wie von den mechanischen Verhütungsmitteln, so sind die Frauen auch von den chemischen kaum überzeugt. Von der Möglichkeit der Sterilisation, die sich für Frauen mit vielen Kindern anbietet, wird sehr selten, wiederum aus Angst vor Krebs, Gebrauch gemacht. Folgende Tabelle gibt die zusammengefaßten Ergebnisse aus 103 Pro-Familia-Beratungsstellen während des ersten Halbjahres 1978 wieder. (s. Tab. S. 38)

Zusammenfassend läßt sich an dieser Tabelle ablesen, daß sich der türkische Mann in den seltensten Fällen mit Verhütungsfragen auseinandersetzt. Es ist auffallend, wieviele türkische Ehepaare immer noch miteinander Geschlechtsverkehr haben, ohne jegliche Verhütungsmittel anzuwenden. Der Coitus Interruptus wird von uns insofern nicht als Verhütungsmittel angesehen, als die Unterbrechung des Verkehrs dann völlig unnütz ist, wenn schon vor dem Samenerguß Sperma austritt, was in den meisten Fällen gegeben ist. Bis auf 1,3 Prozent der Fälle, in denen die Männer Kondome benutzen, ist es ausschließlich die Frau, die zur Verhütung Eingriffe an ihrem Körper vornimmt oder vornehmen läßt, und sei es, daß sie mit einer Schwangerschaft rechnen muß. Deshalb finden wir es als besonders notwendig, daß in Fragen der Empfängnisverhütung der türkische Mann in Beratungen miteinbezogen wird, damit er versteht, daß Verhütung ein gemeinsames Problem beider Partner ist und nicht alleine auf die Frau abgewälzt werden kann. Nur so ist zu erreichen, daß er sich aktiv daran beteiligt .

3.a. Abtreibung

Wie sich aus den beschriebenen, oft unsicheren, Verhütungsmethoden schließen läßt, kommt es bei türkischen Frauen sehr oft zu ungewollten Schwangerschaften. Obwohl die Abtreibung in der Türkei wie in Deutschland ohne Nachweis besonderer Notlageindikationen verboten ist und auch der islamische Glaube die Abtreibung verbietet, dient sie dennoch für viele Frauen als geläufige Methode der Geburtenregelung.

Wie auch auf allen anderen Gebieten, die ihren Körper betreffen,

werden in der Türkei Abtreibungen häufig durch die Frauen selbst und mit ihren eigenen Mitteln durchgeführt. Dabei scheinen die Frauen keine Angst vor Komplikationen zu haben und keine Rücksicht auf ihren Körper zu nehmen (160).
Gesundheitliche Schäden werden nicht in Erwägung gezogen (161). Auch moralische Bedenken scheinen nicht vorhanden zu sein (162). Diese illegalen Abtreibungen werden mit Hilfe von Seifenlaugen und Anstechen der Fruchtblase mit einer Hühnerfeder durchgeführt (163). Ein halber Liter Rotwein mit viel Pfeffer, der morgens auf nüchternen Magen getrunken wird, soll ebenfalls eine Fehlgeburt herbeiführen. Auch Chinin, das in die Gebärmutter eingeführt wird, soll in der Türkei sehr viel Anwendung finden. Es wird von einer Frau berichtet, die aufgrund von 17 Schwangerschaftsabbrüchen mit Seifenlauge und Chinin einen völlig zerfetzten Uterus hatte (164).
Jährlich beträgt die Zahl der Abtreibungen in der Türkei ca. 165000. Das bedeutet, daß 100 Lebendgeburten 14 Abtreibungen gegenüberstehen. Der Unterschied zwischen den Städten und den Dörfern ist gravierend. In den Großstädten kommen auf 100 Lebendgeburten 97 Abtreibungen, in den Dörfern nur 13 Abtreibungen. Genauso gravierend ist der Unterschied, wenn man Frauen, die bereits abgetrieben haben, mit hohem und niedrigem Bildungsstand vergleicht. Bei Frauen mit bester Schulbildung kommen auf 100 Lebendgeburten 146 Abbrüche, bei Frauen mit sehr geringer Schulbildung sind es 18 Abbrüche. Bemerkenswert ist auch, daß Frauen, die Verhütung praktizieren, zweieinhalbmal öfter abtreiben als Frauen, die von vornherein keine Verhütungsmittel anwenden. Ein Drittel aller verheirateter Frauen in der Türkei hat mindestens einmal abgetrieben (165).
Die Rate der bei einer Abtreibung sterbenden Frauen ist auch heute noch sehr hoch. Trotzdem stellen sich Frauen den durch einen Arzt durchgeführten Schwangerschaftsabbruch sehr einfach vor. Sie glauben, es sei mit einer Spritze erledigt (166).
Auch in Deutschland ist die Zahl der türkischen Frauen, die wegen eines Abbruchs zum Arzt, in eine Klinik oder zur Pro Familia kommen, bedeutend höher als die der deutschen.
Hierbei ist zu bemerken, daß, anders als in der Türkei, der Mann oft an Schwangerschaftskonfliktberatungen teilnimmt und somit den Entschluß zur Unterbrechung mitverantwortet (167).
Türkinnen leiten auch in Deutschland noch selbständig Fehlgeburten ein. Folgende Gründe sind häufig für eine türkische Frau in Deutschland für einen Schwangerschaftsabbruch maßgeblich:

- drei oder mehr Kinder
- zu kleine Wohnung mit zu wenig Licht und unzureichenden sanitären Anlagen

— Berufstätigkeit beider Ehepartner
— fehlende Unterbringungsmöglichkeit für Kinder während der Arbeitszeit
— Sorge um den Verlust des Arbeitsplatzes
— Unterstützung der in der Türkei lebenden Familienangehörigen.
— Trennung der Familienmitglieder zwischen Türkei und Deutschland.

Obwohl Türkinnen in den meisten Fällen eine zum Abbruch erforderliche Indikation gestellt bekommen, geschieht es häufig, daß der Abbruch nicht mehr durchgeführt werden kann, weil die durch § 218 StGB festgelegte Frist der ersten drei Schwangerschaftsmonate überschritten ist. Dies hängt vor allem damit zusammen, daß Informationsbeschaffung durch Sprachschwierigkeiten verzögert wird (168).

VII. Befragung von Fuldaer Frauenärzten

Wir führten vom 20.5. bis zum 22.6.1981 eine Befragung bei Frauenärzten in Fulda durch.
Fulda ist eine hessische Kreisstadt in der Nähe des Grenzgebietes der innerdeutschen Grenze mit ca.60000 Einwohnern. Nach Angaben vom 1.3.1979 lebten in Fulda insgesamt 3849 Ausländer. Davon waren 1291, also ca. 30 Prozent, türkischer Nationalität. Von diesen waren 477 weiblichen und 789 männlichen Geschlechts. Die Altersgruppen der Türkinnen ab dem 13. Lebensjahr verteilten sich wie folgt:

13 - 18 Jahre	51 Frauen
19 - 21 Jahre	26 Frauen
22 - 25 Jahre	39 Frauen
26 - 35 Jahre	138 Frauen
36 - 45 Jahre	72 Frauen
46 - 55 Jahre	21 Frauen
56 - 65 Jahre	4 Frauen
66 - 80 Jahre	2 Frauen

Mittlerweile hat sich die Zahl der in Fulda ansässigen Türkinnen und Türken auf ca. 15000 erhöht (169).
Die Zahl der Frauenärzte in Fulda beläuft sich auf 15. Davon haben wir acht, darunter eine Ärztin, in ihren Praxen aufgesucht und befragt. Von den restlichen sieben gaben zwei an, für unsere Befragung keine Zeit bzw. kein Interesse zu haben. Ein Arzt betrieb aufgrund seines hohen Alters keine Kassenpraxis mehr; ein weiterer hatte neben seiner Chefarzttätigkeit in einer Klinik nur

eine Privatpraxis für besonders problematische Fälle. Von den restlichen drei Ärzten konnten wir zwei, die eine Gemeinschaftspraxis betreiben, nicht erreichen und der letzte antwortete auf unsere Fragen, die wir ihm auf eigenen Wunsch schriftlich zusandten, nicht.

Wir wollten mit unserer Befragung herausfinden, ob und in welchen Situationen überhaupt türkische Frauen regelmäßigen Frauenarztbesuch für notwendig halten. Weiterhin wollten wir wissen, ob der Anpassungsgrad der türkischen Frauen an die westliche Zivilisation Einfluß auf das Verhalten bei der Konsultation und bei den Untersuchungen hat. Da wir vermuteten, daß die meisten Türkinnen den Arzt wegen einer Schwangerschaft aufsuchen, interessierte es uns auch, ob sie an Schwangerschaftsgymnastik teilnehmen. Wir befragten die Ärzte auch nach erkennbaren psychosomatischen Erkrankungen, da wir glauben, daß gerade bei Türkinnen körperliche Beschwerden sehr häufig durch seelischen Druck wie Heimweh, Trennung von nahen Familienmitgliedern und das Gefühl des Alleinseins verursacht werden. Unsere Fragen an die Ärzte lauteten deshalb:

1. Wieviel türkische Patientinnen werden in der Praxis behandelt?
2. In welchem Alter befinden sich die Patientinnen?
3. Sind die Frauen eher der modernen westlichen Zivilisation angepaßt oder gleichen sie eher dem traditionellen Bild der türkischen Landfrau?
4. Aus welchen Anlässen kommen die Frauen in die Praxis?
5. Sind die Arztbesuche der Türkinnen regelmäßig?
6. Kommen die Frauen in Begleitung? Wer begleitet sie?
7. Wie ist das Verhalten der türkischen Frauen in bezug auf die gynäkologische Untersuchung?
8. Nehmen die Frauen an der Schwangerschaftsgymnastik teil?
9. Lassen sich psychosomatische Erkrankungen erkennen?

Nach anfänglicher Skepsis bei einigen Ärzten wurden die Fragen mehr oder weniger ausführlich beantwortet. Die Ergebnisse haben wir folgendermaßen tabelliert:

Aus Gründen der Anonymität werden die Frauenärzte mit den Buchstaben A - H bezeichnet. Die Fragen sind wie oben durchnummeriert.

	A ausl. Arzt	B	C x1 ausl. Arzt
1.	3-4 insgesamt	40 : 1 Deutsch. : Türk.	3 insgesamt
2.	15 Jahre 44 Jahre 45 Jahre	im befruchtungsfähigen Alter	35-45 Jahre
x4 3.	mit Kopftuch	mit Kopftuch	mit Kopftuch
4.	Wunsch nach Anti-Baby-Pille, Fehlgeburt	Schwangerenvorvorsorge	selten wegen Krebsvorsorge, Kinderwunsch, Blutungsstörungen
5.	nur bei Beschwerden, nicht nach Bestellung	meist nur einmaliger Besuch	—
6.	Ehemann oder Kinder	Ehemann	Ehemann
7.	großes Schamgefühl	kein Schamgefühl	großes Schamgefühl
8.	nach Angaben der Frauen, ja, der Arzt meint jedoch nein	—	—
9.	erkennbar, aber nicht in bezug auf den Unterleib	—	keine

	D	E	F x2 ausl. Arzt
1.	5 täglich, d.h. 5 % aller Patientinnen	keine Zahlenangabe, da von Quartal zu Quartal verschieden	110 : 1 Deutsch. : Türk.
2.	20-45 Jahre, bei jungfräulichen Frauen nur Beratung	ab 14 Jahren	im geburtsfähigen Alter zwischen 17 und 40 Jahren
3.	Überwiegend mit Kopftuch	angepaßte, moderne Frauen	mit Kopftuch
4.	Indikationsstellung, Kreuzschmerzen, Verhütung	Schwangerenvorsorge, Pilzerkrankungen, Eierstockreizungen, selten wegen Verhütung, ganz selten wegen Spirale	Schwangerenvorsorge, Senkung der inneren Geschlechtsorgane
5.	regelmäßig auf Betreiben des Ehemannes	regelmäßige Schwangerenvorsorge	—
6.	Ehemann, Kinder oder Freundin	alleine, nur selten mit Dolmetscherin	selten in Begleitung
7.	—	Bereitschaft zur Untersuchung ist vorhanden	Schamgefühl, Zurückhaltung, Wehleidigkeit
8.	nein, aufgrund Verbot des Ehemannes	nach Angaben der Frauen ja, der Arzt meint jedoch nicht	nur im Krankenhaus, ansonsten nicht
9.	keine	im Rahmen der gynäkologischen Untersuchungen nicht feststellbar	sehr selten

	G x3	H
1.	sehr viele	1 Prozent
2.	im Arbeitsprozeß stehende Frauen bis 50 Jahre	im Alter bis zu den Wechseljahren
3.	sowohl mit Kopftuch als auch moderne und angepaßte Frauen	50 % mit Kopftuch, 50 % moderne und angepaßte Frauen
4.	Schwangerenvorsorge, Verhütung (vor allem Spirale), Sterilisation, Indikationsstellung, selten wegen Krebsvorsorge	Schwangerenvorsorge, Entzündungen an den Geschlechtsorganen, Blutungsstörungen
5.	regelmäßige Schwangerenvorsorge	nur bei Beschwerden
6.	Ehemann (dieser darf auf Wunsch auch bei den Untersuchungen anwesend sein)	Ehemann, Kinder, Freundinnen zum Dolmetschen
7.	kein Unterschied zu Deutschen, bei Jungfrauen ist die gynäkologische Untersuchung unerwünscht (nur rektal)	ausgeprägteres Schamgefühl als bei Deutschen, Ablehnung der Anwesenheit von Ehemann oder Freundin bei der Untersuchung (der Ehemann darf auf Wunsch bei den Untersuchungen anwesend sein)
8.	nein, da aufgrund von Schichtarbeit der Männer die Begleitung der Frau nicht gewährleistet ist	nein
9.	—	zweimal konnten Unterleibs- und Oberbauchbeschwerden wegen Heimweh festgestellt werden

x1: Dieser Arzt praktizierte in Fulda zur Zeit der Befragung erst seit einem halben Jahr.
x2: Dieser Arzt praktizierte in Fulda zur Zeit der Befragung erst seit einem Monat.
x3: Hier handelt es sich um eine Frauenärztin.
x4: Die meisten türkischen Landfrauen tragen ein Kopftuch.

Abschließend läßt sich aufgrund unserer Ergebnisse feststellen, daß die türkischen Frauen Fuldas offensichtlich verhältnismäßig selten einen Frauenarzt konsultieren. Wir nehmen an, daß es nicht daran liegt, daß der Gesundheitszustand der Frauen es nicht erforderlich macht, sondern vielmehr daran, daß sie sich durch Scham und Abneigung vor gynäkologischen Untersuchungen davon abhalten lassen. Sicherlich warten viele Frauen erst einmal ab, ob die Beschwerden nachlassen und versuchen, mit Hausmitteln Abhilfe zu schaffen. An den Facharzt wenden sie sich offensichtlich erst dann, wenn die Beschwerden unerträglich geworden sind. Prophylaktische Untersuchungen, die etwa halbjährlich stattfinden sollten sowie Krebsvorsorgeuntersuchungen sind erschreckend gering. Die Schwangerenvorsorgen werden dagegen relativ regelmäßig wahrgenommen. Ein Arzt glaubte, daß dies darauf zurückzuführen sei, daß bei zehnmaligem Frauenarztbesuch während einer Schwangerschaft durch die Krankenkassen eine Prämie von 100 DM ausgezahlt wird. Verhütung erscheint uns als vorrangiges Problem der türkischen Frauen.
Es geht aus unserer Tabelle zwar nicht eindeutig hervor, aber es wurde von den Ärzten immer wieder darauf hingewiesen, daß die befragte Frauenärztin wohl das größte türkische Patientengut habe. Daraus schließen wir, daß die türkischen Frauen eine Frauenärztin ihren männlichen Kollegen vorziehen, bei der dann auch das Schamgefühl eher sinkt. Sie selbst führte es darauf zurück, daß in ihrer Praxis der Ehemann bei den Untersuchungen dabei sein kann.
Daraus, daß die Frauen überwiegend in Begleitung erscheinen, lesen wir ab, daß sie sich unsicher fühlen und vermutlich auch einen Dolmetscher benötigen. Daß der Ehemann in den meisten Fällen die Begleitung übernimmt, könnte darin begründet liegen, daß er seine Frau nicht unbeaufsichtigt lassen will. Wir nehmen mit Sicherheit an, daß die Frauen, die aus ländlichen Gebieten der Türkei stammen, bei einem Frauenarztbesuch wesentlich unsicherer und befangener sind und daß sie stärker durch den Ehemann beaufsichtigt werden als moderne, angepaßte Türkinnen.
Die Teilnahme an der Schwangerschaftsgymnastik kann von den Ärzten nicht überprüft werden. Jedoch gehen die Ärzte davon

aus, daß die Türkinnen nicht daran teilnehmen. Auch hier wurde von einem der Ärzte darauf hingewiesen, daß die Ehemänner oftmals durch ihre Schichtarbeit daran gehindert werden, die Frauen dorthin zu begleiten und von dort wieder abzuholen oder daß sie ihren Frauen die Schwangerengymnastik überhaupt verbieten.
Viele Ärzte erklärten uns, daß das Feststellen psychosomatischer Erkrankungen nicht in ihren Fachbereich fällt. Wir können uns aber vorstellen, daß psychosomatische Erkrankungen auch von Frauenärzten festgestellt werden könnten, sofern sie mit ihren Patientinnen einigermaßen vertraut wären. Diese Vertrauensbasis kann aber schon deshalb kaum geschaffen werden, weil die Arztbesuche zu selten sind.
Bei allem ist jedoch nicht nur unsere Wahrnehmung und die der Ärzte zu berücksichtigen, sondern auch der Eindruck, den die Frauen persönlich von den jeweiligen Ärzten bekommen haben.

VIII. Beratungen der Pro Familia in Fulda und Bad Hersfeld

Die Pro Familia ist eine deutsche Gesellschaft, die Beratungen durchführt, die Themenbereiche wie Familienplanung, sexuelle Beziehungen und Schwangerschaftskonflikte betreffen. Die Beratungen können von jedem Interessierten kostenlos in Anspruch genommen werden. Auch Broschüren in verschiedenen Sprachen und Verhütungsmittel kann man kostenlos erhalten.
Da der Ausländeranteil in der Bundesrepublik Deutschland in den letzten Jahren erheblich größer geworden ist, werden auch die Beratungsstellen der Pro Familia in zunehmendem Maße durch Ausländer frequentiert, wobei Türkinnen und Türken den größten Anteil ausmachen. Aus diesem Grund befragten wir die Beratungsstellen in Fulda und Bad Hersfeld.
Die Kleinstadt Bad Hersfeld liegt 50 km nördlich von Fulda. Nach Angaben des Einwohnermeldeamtes vom 30.9.1981 hat Bad Hersfeld 31663 Einwohner. Davon sind 1738 Ausländer, worunter 658 Einwohner türkischer Nationalität fallen. 285 davon sind weiblichen, 373 männlichen Geschlechts.
Im folgenden geben wir eine kurze Berichterstattung über die Erfahrungen, die die beiden Beratungsstellen mit türkischen Frauen gemacht haben.
Der Ausländerteil bei insgesamt 1200 Beratungen im Jahre 1980 betrug in der Beratungsstelle Fulda 17, 5 Prozent. Der Ausländeranteil in der Beratungsstelle in Bad Hersfeld war wesentlich geringer. Die Ausländerberatungen, die durchgeführt wurden, betrafen hauptsächlich Türken.

Beratungsstelle Fulda

1. Die Türkinnen sind nur selten europäisch gekleidet und tragen im allgemeinen ein Kopftuch.
2. Sie kommen in den meisten Fällen auf Anraten ihres Frauenarztes zur Pro Familia.
3. Zum Dolmetschen werden sie meistens von ihrem Ehemann begleitet, oft auch von ihren Kindern, besonders den Söhnen, und gelegentlich von Freundinnen.
4. Die Frauen sind meistens im Alter zwischen 35 und 45 Jahren. Nur wenige sind zwischen 20 und 25 Jahre alt; diese sind entweder jung verheiratet oder erst kürzlich aus der Türkei nach Deutschland eingereist. Frauen unter 20 Jahren suchen die Beratungsstelle nie auf.
5. In den meisten Fällen handelt es sich um Türkinnen, die einen Schwangerschaftsabbruch durchführen lassen wollen. Sehr selten nur wird um Information über Verhütungsmittel gebeten. Sie werden aber dann begierig aufgenommen, solange keine Männer dabei sind. Eheberatungen nehmen einen geringfügigen Anteil ein.
6. Zur Empfängnisverhütung nehmen die türkischen Frauen meistens die Anti-Baby-Pille ein. Die Pille verursacht oft Übelkeit und Erbrechen. Auch wird die Einnahme oft vergessen, so daß häufig Schwangerschaften eintreten. Das Einsetzen der Spirale wird selten gewünscht, weil meistens eine falsche Vorstellung von der Größe herrscht und aus Angst davor, daß sie Krebs erzeugen könne. Die Sterilisation der Frau wird abgelehnt, da die Meinung herrscht, daß Frauen nach einer Sterilisation nicht mehr vollwertig sind.
7. Die Türkinnen haben oft schon mehrere Schwangerschaftsabbrüche in der Türkei hinter sich. Sie suchen oft auch mehr als einmal die Beratungsstelle in Fulda wegen ungewollter Schwangerschaften auf.
8. Für die Abtreibungen werden ihnen in erster Linie soziale, in seltenen Fällen medizinische, Indikationen gestellt.
9. Gründe, die die Frauen veranlassen, eine Schwangerschaft abbrechen zu lassen, sind:
   - sie haben bereits viele Kinder
   - sie haben erst vor kurzem ein Kind geboren
   - auf das Einkommen der Frau kann nicht verzichtet werden, weil nur sie eine Arbeitserlaubnis hat oder weil das Einkommen des Mannes allein nicht ausreicht.
10. Sie haben keine moralischen Bedenken, einen Abbruch vornehmen zu lassen, weil der äußere Druck, unter dem sie stehen, größer ist. Außerdem stellen sich die Türkinnen eine Abtreibung sehr einfach vor. Oft glauben sie, daß mit der

Verabreichung einer Spritze alles getan sei. Daß ein paar Tage Klinikaufenthalt notwendig sind, können sie nicht verstehen.

11. Nach einem Schwangerschaftsabbruch nehmen die Frauen zur Verhütung weiterer Schwangerschaften meistens die Anti-Baby-Pille ein. Ganz selten lassen sie sich auch sterilisieren.
12. Man kann nicht sagen, daß türkische Frauen weniger Kenntnisse über ihren Körper besitzen als deutsche. Die Kenntnisse sind im allgemeinen erstaunlich gering. Türkinnen gehen im großen und ganzen rücksichtsloser mit ihrem Körper um und denken nicht daran, daß sie ihm damit Schaden zufügen könnten.
13. An angebotenen Kursen und Vorträgen der Pro Familia nehmen türkische Frauen nicht teil.
14. Ihre Religion verbietet gläubigen Türkinnen Verhütungsmittel anzuwenden und Schwangerschaften abzubrechen. Viele Frauen lehnen deshalb zwar die Anwendung von Verhütungsmitteln ab, lassen dann aber ungewollte Schwangerschaften abbrechen.
15. Bei türkischen Frauen ist im allgemeinen ein ausgeprägteres Schamgefühl als bei deutschen festzustellen.
16. Verständigungsschwierigkeiten zwischen Türkinnen und Beraterin treten auch dann auf, wenn ein Dolmetscher anwesend ist, weil nicht festgestellt werden kann, wie genau die Übersetzungen erfolgen.

Beratungsstelle Bad Hersfeld

1. Die Türkinnen sind nur selten europäisch gekleidet und tragen im allgemeinen ein Kopftuch.
2. Sie erfahren durch Mundpropaganda von der Beratungsstelle.
3. Zum Dolmetschen werden sie von Nachbarinnen oder Freundinnen begleitet, seltener von ihren Ehemännern. Die Männer kommen höchstens mit, um Aufsicht über ihre Frauen zu haben. In die Beratungsstelle werden auch Kinder mitgebracht.
4. Die Frauen sind zwischen 25 und 35 Jahre alt.
5. In den meisten Fällen handelt es sich um Türkinnen, die einen Schwangerschaftsabbruch durchführen lassen oder die Anti-Baby-Pille abholen wollen. Eheberatungen finden nicht statt.
6. Zur Empfängnisverhütung nehmen die Frauen meistens die Anti-Baby-Pille ein. Sie verlangen oft nach einem bestimmten Präparat, dem eine Gebrauchsanweisung in türkischer Sprache beiliegt. Die Unverträglichkeit und die Vergeßlich-

keitsquote ist sehr hoch. Oft werden die Ehemänner darauf hingewiesen, die regelmäßige Einnahme zu kontrollieren. Das Einsetzen der Spirale wird selten gewünscht. Die Sterilisation verbietet der Ehemann, weil er seine eigene Potenz dann nicht mehr unter Beweis stellen kann.

7. Die Türkinnen habenoft schon mehrere Schwangerschaftsabbrüche in der Türkei hinter sich. Wegen Schwangerschaftsabbrüchen suchte bis jetzt jede von ihnen die Beratungsstelle nur einmalig auf.
8. Für die Abtreibungen werden ihnen in erster Linie soziale, in seltenen Fällen medizinische, Indikationen gestellt.
9. Gründe, die die Frauen veranlassen, eine Schwangerschaft abbrechen zu lassen, sind:
   - sie haben bereits viele Kinder
   - die Wohnung ist zu klein
   - der Mann ist arbeitslos oder er hält sich in der Türkei auf
   - da das Einkommen des Mannes zu gering ist, ist die Mitarbeit der Frau unerläßlich.
10. Die Türkinnen stellen sich eine Abtreibung sehr einfach vor. Daß ein paar Tage Klinikaufenthalt notwendig ist, können sie nicht verstehen. Der Gedanke daran wird noch dadurch erschwert, daß sie oft in entferntere Kliniken ausweichen müssen, da das Bad Hersfelder Kreiskrankenhaus nur Abbrüche durchführt, solange genügend Betten zur Verfügung stehen.
11. Die Frauen denken nach einem Schwangerschaftsabbruch oft nicht daran, daß sie weitere Schwangerschaften verhüten sollten, sondern müssen erst darauf hingewiesen werden.
12. Türkische Frauen wissen über ihren Körper im allgemeinen Bescheid, haben aber nur ungefähre Funktionskenntnisse.
13. Es werden von der Pro Familia in Bad Hersfeld keine Kurse oder Vorträge angeboten.
14. Es können keine Angaben darüber gemacht werden, ob die Religion in bezug auf das Verhalten bei der Familienplanung eine Rolle spielt.
15. Ein ausgeprägteres Schamgefühl bei türkischen Frauen im Vergleich mit deutschen kann nicht festgestellt werden.
16. Schlechte Deutschkenntnisse der Türkinnen erschweren das Gespräch zwischen ihnen und der Beraterin. Außerdem ist oft ein sachliches, unbefangenes und offenes Gespräch über Sexualität unmöglich, da besonders die begleitenden Männer Erklärungen über Verhütungsmethoden gerne als einen Antrag seitens der Beraterin an sie auffassen.

IX. Mißhandlungen in türkischen Ehen in der Bundesrepublik Deutschland

Im Frauenhaus Berlin sind 13 Prozent der schutzsuchenden Frauen ausländischer Herkunft. Acht Prozent aller Frauen sind Türkinnen (170). Berlin hat zwar einen sehr hohen Anteil an türkischer Bevölkerung, man kann aber davon ausgehen, daß der Anteil der Türkinnen in Frauenhäusern anderer Städte ähnlich hoch ist.

1. Fakten, die Gewalttätigkeit begünstigen können

Während ihrer ganzen Sozialisation wird den türkischen Mädchen eingeschärft, daß der Mann das Oberhaupt jeder Familie ist und daß eine alleinstehende Frau von der Gesellschaft nicht akzeptiert wird und somit ein Leben ohne Mann für sie undenkbar ist. Sie ist nicht nur auf seine wirtschaftliche Versorgung, sondern auch auf seinen Schutz bezüglich ihrer Ehre angewiesen. Bei der Migration von der Türkei nach Deutschland prallen die traditionellen Rollen- und Sexualvorstellungen aus dem Heimatland auf eine Lebenssituation, die den Wertvorstellungen der islamischen Religion total widerspricht. In vielen Fällen müssen auch die Frauen durch Lohnarbeit für den Familienunterhalt mitsorgen, was in türkischen Dörfern beispielsweise schon als anrüchig angesehen wird. In der Bundesrepublik ist die Berufstätigkeit der Frauen aber vielfach notwendig, da der Mann allein oft nicht genug für die Ernährung seiner Familie verdient. Aufgrund dieser Tatsache fühlen sich Frauen oft ihren Männern eher gleichwertig, wollen den Beispielen deutscher Frauen folgen, streben nach mehr Freiheit und Selbständigkeit und wollen die Bevormundung durch ihre Männer nicht länger erdulden. Diese Bestrebungen seitens der Frauen rufen bei den Männern unter Umständen starke Angstgefühle hervor, weil sie um den Verlust ihrer autoritären Rolle fürchten. Verstärkt wird ihre Angst noch dadurch, daß sie vor ihren Verwandten und Bekannten womöglich als Schwächlinge dastehen, wenn sie sich bei ihren Frauen nicht mehr durchsetzen können. Viele türkische Männer sehen in der Gewalttätigkeit gegenüber ihren Frauen die letzte, aber auch gerechtfertigte Möglichkeit, ihre Autorität wiederherzustellen.

Diese Spannungen zwischen den Ehepartnern sind dann umso größer, wenn zunächst die Frau in die Bundesrepublik eingereist ist, um zu arbeiten, und erst später ihren Mann im Zuge der Familienzusammenführung nachgeholt hat. Nach § 15 Abs. 4 der Arbeitserlaubnisverordnung bekommt der Mann erst dann eine Arbeitserlaubnis, wenn er sich fünf Jahre lang ununterbrochen

im Geltungsbereich der Bundesrepublik Deutschland aufgehalten und in dieser Zeit nicht gegen die Belange der Bundesrepublik verstoßen hat. In dieser Zeit ist der Mann finanziell total von seiner Frau abhängig, was gegen sein anerzogenes Rollenverständnis, welches ihn auch davon abhält Hausarbeiten zu übernehmen, verstößt.
Über das Gefühl seiner Nutzlosigkeit versucht er sich zuweilen, mit fanatischer Hinwendung zum Islam hinwegzutäuschen. Dies hat zur Folge, daß er verstärkten Druck auf seine Frau ausübt, damit sie die islamischen Glaubensregeln ihrerseits befolgt.
Willkommene Ablenkungen können für ihn auch Glücksspiele und Alkohol sein. Das dafür benötigte Geld nimmt er seiner Frau ab (171).
Aber auch, wenn der Sachverhalt umgekehrt ist, wenn nämlich der Mann zuerst in die Bundesrepublik eingereist ist, um zu arbeiten, und seine nachgeholte Frau fünf Jahre lang auf eine Arbeitserlaubnis warten muß, können Konflikte zwischen den Ehepartnern entstehen. Der türkische Mann erfährt in Deutschland, daß er an die letzte Stelle der wirtschaftlichen und gesellschaftlichen Hierarchie gedrängt wird. Das verminderte Selbstwertgefühl wird oft dadurch kompensiert, daß die aufgestauten Aggressionen an der ihm untergeordneten Frau abreagiert werden.
Konflikte gibt es mit Sicherheit auch dann, wenn junge Türkinnen gegen ihren Willen verheiratet werden und sich in der Ehe gegen ihren Mann auflehnen.

2. Formen der Mißhandlung

Nach unserer Ansicht beginnt Mißhandlung nicht erst, wenn Frauen direkten körperlichen Angriffen ausgesetzt sind, sondern bereits dann, wenn türkische Mädchen zu Gehorsam, Unterwürfigkeit, Duldsamkeit, Abhängigkeit, Passivität usw. erzogen werden. Nur so ist es möglich, daß viele Türkinnen in ihrer Ehe die Unterdrückung durch den Ehemann verhältnismäßig lange Zeit ertragen, ohne die Unterdrückung überhaupt als solche zu erkennen und das Verhalten des Ehemannes in seiner Rechtmäßigkeit anzuzweifeln. Eine andere Form der Gewaltanwendung, die eher als psychische Gewalt zu bezeichnen ist, äußert sich darin, daß vielen Türkinnen von ihren Männern Bekleidungsvorschriften gemacht werden und ihnen von diesen verboten wird, sich allein in der Öffentlichkeit zu bewegen. Je stärker die Emanzipationsbestrebungen der Türkinnen werden, desto größer wird die Angst ihrer Männer, ihre Autorität zu verlieren, und desto stärker werden auch die Repressionen, denen die Frauen ausgesetzt sind. Die Frauen werden zum Beispiel im Haus eingesperrt, Kontakte zu Freundinnen werden unterbunden. Selbst berufstätige Frau-

en werden manchmal an ihrem Arbeitsplatz überwacht.
So wird zum Beispiel von einer Familie berichtet, deren ältester Sohn beauftragt wurde, die Mutter, die in einem Supermarkt als Kassiererin beschäftigt ist, sofort nach Schulschluß aufzusuchen, um sie bis zum Ende ihrer Arbeitszeit zu beobachten und zu bewachen (172).
Nicht selten wird die Unterdrückung durch den Ehemann erst durch körperliche Mißhandlung sichtbar.
Türkinnen, die in das Berliner Frauenhaus kommen, haben oftmals mehrere Knochenbrüche, Entstellungen durch Vernarbungen am ganzen Körper und sind psychisch schwer gestört. Eine türkische Frau erzählte, daß ihr Mann bereits nach kurzer Ehezeit das Geld verspielte, vertrank und für Freundinnen ausgab und ihr Geld für Nahrung und Heizmaterial verwehrte. Er schloß sie in der Wohnung ein und brachte ihr einmal in der Woche einen Laib Brot und einen Topf Margarine. Die Mißhandlungen und Drohungen, sie aus der Wohnung zu werfen, wurden noch schlimmer, wenn sich die Frau über ihre Situation beklagte. Erst als Nachbarn die Polizei benachrichtigten, wurde die Frau befreit und ins Frauenhaus gebracht (173).
Weiterhin wird von einer Frau berichtet, die lange Zeit den Schikanen ihres Mannes ausgesetzt war und wegen jeder Kleinigkeit geprügelt wurde, bis er ihr schließlich den schwangeren Bauch zertrat (174).
Oftmals fassen die Türkinnen erst nach solch schweren Mißhandlungen den Entschluß, sich von ihren Männern zu trennen. Aber nicht nur der Weg ins Frauenhaus und zum Scheidungsanwalt wird gewählt, sondern oft sehen diese Frauen als einzigen Ausweg aus ihrer Situation den Selbstmord.

3. Schwierigkeiten bei der Befreiung aus der Ehe

Obwohl die Frauen aufgrund von Drohungen und Mißhandlungen und des moralischen Drucks, sowohl von seiten des Mannes als auch der Verwandten und Bekannten, irgendwann an einem Punkt angekommen sind, an dem sie ihre Situation nicht mehr aushalten können und sich von ihrem Mann trennen wollen, stehen sie hier nahezu unüberwindlichen Schwierigkeiten gegenüber. Der Leidensweg türkischer Frauen ist noch nicht beendet, wenn sie den Weg ins Frauenhaus gefunden haben. Viele türkische Ehemänner bedrohen ihre Frauen auch hier noch mit weiteren Mißhandlungen oder sogar Mord. Frauen, die einen Arbeitsplatz haben, können diesen nicht mehr aufsuchen, da die Männer ihnen auflauern und auch vor der Entführung der Kinder nicht zurückschrecken. Frauen, die aufgrund ihrer erst kurzen Verweildauer in Deutschland noch keine Arbeitserlaubnis haben und deren Aufenthaltserlaubnis an die ihres Mannes gekoppelt ist, riskieren bei einer Scheidung ihre eigene Ausweisung. Überhaupt besteht für alle Frauen, die nicht arbeiten können oder dürfen, egal, ob sie eine eigene Aufenthaltserlaubnis haben oder nicht, die Gefahr der Ausweisung. Sie wären nämlich im Falle von Arbeitslosigkeit und bei Weigerung des Mannes, für ihren Unterhalt aufzukommen, auf Sozialhilfeunterstützung angewiesen, was nach § 10 Abs. 1 Absch. 10 des Ausländergesetzes ein Ausweisungsgrund ist. Die meisten türkischen Frauen wollen aber in Deutschland bleiben, da sie in der Türkei nicht auf Unterstützung von Familienangehörigen rechnen können. Außerdem haben alleinstehende türkische Frauen, insbesondere geschiedene, in der Türkei ein noch geringeres Ansehen als in Deutschland. Oftmals sind türkische Frauen, um der Verfolgung ihrer Männer zu entgehen, gezwungen, ihren Arbeitsplatz oder sogar ihren Wohnort zu wechseln. Neue Wohnungs- und Arbeitsplatzsuche bleiben oft ohne Erfolg. Wenn die Frauen eine Arbeit gefunden haben, gestaltet sich die Unterbringung und Betreuung ihrer Kinder, die meisten Frauen haben drei oder vier, äußerst schwierig. In solchen Fällen laufen die Frauen Gefahr, daß ihnen das Sorgerecht für die Kinder entzogen und den Männern übertragen wird. Um dem entgegenzuwirken und eine Kindesentführung durch die Ehemänner zu verhindern, müssen sie versuchen zu erreichen, daß das Sorgerecht allein ihnen übertragen wird. Dies gestaltet sich oftmals schwierig, da die Frauen ihre Mißhandlungen durch Atteste bei den Behörden nachweisen müssen. In vielen Fällen sind die Spuren der Mißhandlungen jedoch inzwischen schon abgeklungen. Sollten die Atteste erbracht werden können, so wird den Frauen nicht selten unterstellt, die Mißhandlungen selbst provoziert zu haben. Daraus wird manchmal sogar abgeleitet, daß sie für die Erziehung der Kinder nicht geeignet sind, und das Sorgerecht wird ihren Männern zugesprochen.

Weiterhin ergeben sich beim Einreichen der Scheidung für die türkischen Frauen erhebliche Schwierigkeiten. Deutsche Gerichte beziehen bei Scheidungsangelegenheiten oft türkisches Familienrecht mit ein oder fällen keine Entscheidungen und verweisen auf türkische Gerichte (175). Die wenigsten türkischen Frauen haben allerdings die Möglichkeit, wegen der Scheidungsklage in die Türkei zu reisen und sich dort mit einem Anwalt ihrer Wahl in Verbindung zu setzen. Ihnen bleibt nur der Weg zum türkischen Konsulat, wo ihnen ein Scheidungsanwalt zugewiesen wird. Auch hier wiederum sind sie vielfach den diskriminierenden Äußerungen und Unterstellungen der Beamten ausgesetzt. Ebenso entscheiden die türkischen Gerichte in den meisten Fällen zu Ungunsten der Frauen, da an das Verhalten von Frauen und Männern unterschiedliche Maßstäbe angelegt und den Männern durchaus „Fehltritte und Entgleisungen" zugebilligt werden (176). Nicht nur Drohungen des Mannes und Diskriminierungen, sondern sämtliche Formalitäten und Behördengänge, vor allem aber das Gefühl des Alleinseins und der Hilflosigkeit, lassen viele Frauen resignieren. Sie alle wurden zur Unselbständigkeit erzogen, sind größtenteils Analphabeten, sprechen nur unzureichend deutsch, sind durch mehrere Kinder überlastet, vielleicht sogar gerade schwanger und müssen jetzt Dinge tun, für die nach türkischer Auffassung ausschließlich die Männer zuständig und mit denen sie selbst nicht im geringsten vertraut sind. Angesichts dieser Schwierigkeiten, mit denen die Frauen überhäuft werden, lassen viele lieber weitere Mißhandlungen über sich ergehen, als diesen Kampf um ihre Freiheit aufzunehmen. Viele, die den Kampf aufgenommen haben, merken, daß sie nicht stark genug sind, ihn bis zum Ende durchzufechten und kehren zu ihren Männern zurück. Einige ziehen sogar den Selbstmord vor.

X. Versuch einer Darstellung des Zusammenhanges zwischen der traditionellen, sexualspezifischen Rolle der türkischen Frauen und der islamischen Religion

Die islamischen Glaubenssätze stammen aus der Zeit um 620 n. Chr. Für die Glaubensanhänger des Islam handelt es sich um Normen, die Mohammed im Auftrag Gottes an die Menschheit weitergegeben hat und die nach seinem Tod im Koran, dem heiligen Buch des Islam, niedergeschrieben wurden (177). Der Koran in seiner heutigen Version ist zwischen 694 und 714 n.Chr. entstanden (178).
Die Regelungen beziehen sich zwar auf die Geschehnisse der damaligen Gesellschaft, haben aber, da sie Gottes eigene Worte sind, ewige Gültigkeit. Der Koran ist in Kapiteln geschrieben; diese Kapitel heißen Suren, welche wiederum in Verse unterteilt sind (179).
Da auch heute noch sehr viele Türkinnen und Türken gläubige Moslems sind, die sich mehr oder weniger stark an die Glaubenssätze des Korans halten, werden auch die Rollen der Geschlechter größtenteils durch islamische Traditionen bestimmt. Für die Frauen bedeutet dies zwangsläufig, daß sie ihre, in der Schrift festgelegte, Stellung, die durch Minderwertigkeit, soziale Abwertung und systematische Benachteiligung gegenüber den Männern, gekennzeichnet ist, akzeptieren müssen. Zudem

bestärken die Traditionen des Islam die Frauen in der von uns beschriebenen Rolle und es besteht die Gefahr, daß die Passivität und die Unfähigkeit der Frauen, ihre gesellschaftliche Situation zu erkennen und zu verändern, gefördert wird. Ein Versuch der Frauen, ihre Position im Hinblick auf Selbstbestimmung und individuelle Freiheit zu verändern, wird schnell mit gesellschaftlicher Isolation und verstärkter sozialer Abwertung bestraft. Ihre Bemühungen können quasi ins Gegenteil umschlagen. Aber obwohl viele Frauen in dieser unterprivilegierten Lage sind, sind in erster Linie sie es, die als Mütter, meist unbewußt, Mädchen und Jungen auf ihre spätere Rolle vorbereiten. Hierbei muß allerdings berücksichtigt werden, daß die Mutter dauernd unter dem Druck des Ehemannes steht, der natürlich auch aus eigennützigem Interesse darüber wacht, daß Traditionen und Gottes Wille beibehalten werden, damit seine Privilegien unangetastet bleiben.
Besonders in der ländlichen Türkei wird auf Gläubigkeit und die Einhaltung islamischer Traditionen großer Wert gelegt. Religiöse Feste und Zeremonien bieten eine willkommene Abwechslung im Dorfleben, und die Hoffnung auf das versprochene Paradies macht den Dorfbewohnern ihre Arbeit erträglicher. Ein Großteil der städtischen Bevölkerung hat seine Bindung an die Religion schon gelockert. Aber gerade in den Städten sind oft auch religiöse Fanatiker anzutreffen.
Da im Koran für alle Situationen und Lebenslagen Verhaltensvorschriften festgelegt sind, wollen wir im folgenden versuchen, anhand von einigen Zitaten aus dem Koran die dort beschriebene Frauenrolle zu verdeutlichen:

Sure 4 Vers 35
„Männer sollen vor Frauen bevorzugt werden (weil sie für diese verantwortlich sind), weil Allah auch die einen vor den anderen mit Vorzügen begabte und auch weil jene diese erhalten.“ Hier wird festgelegt, daß eine Frau von vornherein minderwertig ist.

Die Rechtschaffenheit und Gläubigkeit der Frauen wird an ihrer Unterwürfigkeit gemessen.
Sure 4 Vers 35
„Rechtschaffene Frauen sollen gehorsam, treu und verschwiegen sein, damit auch Allah sie beschütze.“
Dies soll genauso an ihrer Kleidung erkennbar sein.Nur eine verheiratete Frau darf sich von einem Mann, nämlich ihrem Ehemann, berühren lassen. In anderen Fällen gilt sie als Dirne. So antwortet zum Beispiel die Jungfrau Maria auf die Nachricht des Engels, daß ihr ein heiliger Sohn geboren werde, in

Sure 19 Vers 21

„ ‘ Wie kann ich einen Sohn bekommen, da mich kein Mann berührt hat und ich auch keine Dirne bin.’ ”

Bei der Verheiratung scheint der Mann eine relativ freie Wahl, nur noch eingeschränkt durch die Inzestverbote, zu haben, während Frauen immer nur ge- oder verheiratet werden.

Sure 33 Vers 52

„Du kannst zurücksetzen (die Heirat verweigern), wen du willst, und zu dir nehmen, wen du gerade willst, ja selbst die, welche du früher verstoßen hast, wenn du jetzt Verlangen nach ihr hast; dies alles soll kein Verbrechen für dich sein. Dies hat nur den Zweck, ihre Augen frisch zu erhalten, daß sie sich nicht betrüben und alle sich zufrieden geben mit dem, was du jeder gewährst; ...“

Dem Mann wird es ausdrücklich erlaubt, mehrere Frauen zu heiraten, wenn er sie ernähren kann.

Sure 4 Vers 4

„Überlegt gut und nehmt nur eine, zwei, drei, höchstens vier Ehefrauen. Fürchtet ihr auch so noch, ungerecht zu sein, nehmt nur eine Frau oder lebt mit Sklavinnen (die unter eurer Hand, eurem Rechte stehen), die ihr erwarbt. So werdet ihr leichter nicht vom Rechten abirren.“

Sure 2 Vers 223

„Auch über die monatliche Reinigung der Frauen werden sie dich befragen; sage: ‚Diese (Zeit) bringt euch Schaden; darum haltet euch während ihrer monatlichen Reinigung von ihnen fern, kommt ihnen nicht nahe, bis sie sich gereinigt haben.‘ Haben sie sich aber gereinigt, mögt ihr nach Vorschrift Allahs zu ihnen kommen; Allah liebt die bekehrten Gläubigen und Reinen.“

Ansonsten muß sie ihm für die Befriedigung seiner Triebe zur Verfügung stehen.

Sure 2 Vers 224

„Die Weiber sind euer Acker, geht auf eueren Acker, wie und wann ihr wollt, weiht aber Allah zuvor euere Seele (durch Gebet, Almosen oder gutes Werk).“

Straffrei ist allerdings nur das „Beackern“ seines Eigentums. Der Mann erwartet natürlich, daß der Boden seines Ackers gut ist und schöne Früchte hervorbringt.

Sure 25 Vers 75
„ ‘ O Herr laß unsere Frauen und Kinder solche sein, daß sie Freude unseren Augen gewähren, mache uns den Frommen zum musterhaften Vorbilde.’ ”
Über die Stillzeit der Kinder, die gesund zur Welt kommen, entscheidet nicht etwa die Mutter, sondern der Vater.

Sure 2 Vers 234
„Die Mutter (auch die geschiedene Frau) soll ihre Kinder zwei volle Jahre säugen, wenn der Vater will, daß die Säugung die volle Zeit dauere. Dem Vater des Kindes obliegt es, der Mutter Nahrung und Kleidung nach Billigkeit zu geben.“
Neben Freude an Frauen und Kindern wurde der Mann für das irdische Leben auch noch mit anderen Gelüsten ausgerüstet.

Sure 3 Vers 15
„Den Menschen wurde begehrliche Lust an Frauen und Kindern, Gold und Silber, edlen Pferden, Viehherden und viel Ackerland eingepflanzt.“
Wir glauben, daß der Koran mit „Menschen“ hier eindeutig „Männer“ meint. Auffällig ist, daß Frauen und Kinder offensichtlich zu den Besitztümern des Mannes gezählt werden. Gerade dadurch wird unserer Meinung nach der Mißhandlung von Frauen Vorschub geleistet.

Sure 4 Vers 35
„Denjenigen Frauen aber, von denen ihr befürchtet, daß sie euch durch ihr Betragen erzürnen, gebt Verweise, enthaltet euch ihrer, sperrt sie in ihre Gemächer und züchtigt sie.“

Sure 4 Vers 16
„Wenn euere Frauen sich durch Unzucht vergehen und vier Zeugen aus euerer Mitte bezeugen dies, dann kerkert sie in euerem Haus ein, bis der Tod sie befreit oder Allah ihnen sonst einen Versöhnungsweg weist.“

Den gläubigen Frauen und Männern ist es vorgeschrieben, Pilgerfahrten zu machen und Gebete zu verrichten. Auch hierbei müssen bestimmte Regeln eingehalten werden.

Sure 5 Vers 7
„O Gläubige, bevor ihr euch zum Gebet anschickt, wascht euer Gesicht, euere Hände bis zum Ellbogen, reibt naß euere Köpfe und reinigt euere Füße bis an die Knöchel ab; habt ihr euch durch Beischlaf verunreinigt, so wascht euch ganz. Seid ihr aber krank

oder auf der Reise oder geht einer aus einem heimlichen Gemacht (nach Verrichtung der Notdurft) oder ihr habt Frauen berührt und ihr findet kein Wasser, so nehmt feinen reinen Sand und säubert euer Gesicht und euere Hände damit. Allah will euch damit keine Last aufbürden, sondern euch reinigen und seine Gnade an euch vollbringen, damit ihr dankbar werdet."
Sehr erstaunt sind wir darüber, daß der Geschlechtsverkehr mit einer Frau in direkten Zusammenhang mit der Verrichtung der Notdurft gestellt wird. Wir sehen darin eine klare Abwertung der Frau; einerseits, weil sich der Mann beim Geschlechtsverkehr mit der Frau beschmutzt und andererseits, weil dieser sogenannte Schmutz mit Kot gleichgesetzt wird.
Die sich durch den Koran ziehenden abwertenden Aussagen gegenüber Frauen sind auch da vorhanden, wo es um die Bestimmung von Zeugen geht.

Sure 2 Vers 283
„..., und nehmt zwei Männer aus euerer Mitte zu Zeugen. Sind aber zwei Männer nicht zur Stelle, so bestimmt einen Mann und zwei Frauen, die sich eignen, zu Zeugen; irrt sich dann eine, so kann die andere ihrem Gedächtnis nachhelfen."
Es findet ebenso eine Benachteiligung der Frauen in Erbschaftsangelegenheiten statt.

Sure 4 Vers 12
„ Hinsichtlich eurer Kinder hat Allah folgendes verordnet: Männliche Erben sollen soviel haben wie zwei weibliche."
Diese Relation verändert sich zwar, je nachdem, wie viele Verwandte erbberechtigt sind, dennoch sind die männlichen Verwandten immer im Vorteil.
Alle im Koran niedergeschriebenen Regeln sind für gläubige Moslems verbindlich und unabänderbar.

Sure 6 Vers 116
„Das Wort deines Herrn ist vollkommen in Wahrheit und Gerechtigkeit. Sein Wort kann niemand verändern; denn er ist der alles Hörende und alles Wissende."

Sure 33 Vers 37
„Es ziemt den gläubigen Männern und Frauen nicht, wenn Allah und sein Gesandter irgendeine Sache beschlossen haben, sich die Freiheit herauszunehmen, anders zu wählen; denn wer Allah und seinem Gesandten ungehorsam ist, der befindet sich in offenbarem Irrtum."

Der Gehorsam wird, besonders für Männer, im jenseitigen Leben belohnt.

Sure 3 Vers 16
„Sagt selbst: Kann ich euch Besseres als das verkünden? Die Frommen werden von Allah einst Gärten, von Flüssen durchströmt, erhalten, und sie werden ewig in diesen Gärten weilen. Unbefleckte Frauen und das Wohlgefallen Allahs werden ihnen zuteil, denn Allah sieht huldvoll auf seine Diener."
Zwar soll in diesem Kapitel Kritik an den Inhalten des Korans geübt werden, es ist jedoch nicht in unserem Sinne, die Inhalte quasi als schlechte Beispiele anzuprangern. Jeder, der geneigt ist, den Koran abzuurteilen, sollte sich bewußt machen, daß zum Beispiel die Bibel, die heilige Schrift der Christen, diesem in verschiedener Hinsicht ähnelt oder entspricht. Dies wird zum Beispiel an folgenden Passagen deutlich:

- 1. Buch Mose 3. Kapitel Vers 16
  Zurücksetzung der Frau
- 3. Buch Mose 12. Kapitel Verse 2, 4, 5
  Unreinheit von Wöchnerinnen
- 3. Buch Mose 15. Kapitel Verse 16, 17, 18
  Unreinheit, Waschung nach dem Geschlechtsverkehr
- 3. Buch Mose 15. Kapitel Verse 19-28
  Unreinheit der Frau während ihrer Menstruation
- 3. Buch Mose 20. Kapitel Vers 18
  Bestrafung des Geschlechtsverkehrs während der Menstruation
- 5. Buch Mose 22. Kapitel Verse 13-19
  Entjungferung eines unverheirateten jungen Mädchens und die Folgen
- 5. Buch Mose 22. Kapitel Verse 20, 21
  Bestrafung der Nichtjungfräulichkeit eines unverheirateten Mädchens
- 5. Buch Mose 22. Kapitel Vers 22
  Bestrafung bei Ehebruch
- 1. Buch der Chronik 14, Kapitel Vers 3
  Polygynie
- 2. Buch der Chronik 11. Kapitel Verse 18-21
  Polygynie
- Paulusbrief an die Epheser 5. Kapitel Verse 22-24, 33
  Untertänigkeit der Frau

XI. Befragung von türkischen Frauen und Mädchen über ihr Wissen, ihre Erfahrungen und ihre Einstellungen

Da unsere bisherige Arbeit größtenteils auf Auszügen aus Literatur und auf Aussagen solcher Personen, die mit Türkinnen zu tun haben, basiert, erschien es uns nun erforderlich, auch Frauen selbst zu den vorhergehenden Themenstellungen zu befragen. Wir hielten es für ratsam, gerade zu unserem Thema nur solche türkischen Frauen und Mädchen in Fulda zu befragen, zu denen wir schon seit längerer Zeit ein gewisses Vertrauensverhältnis aufgebaut hatten, weil nicht nur für deutsche, sondern in noch stärkerem Maße für türkische Frauen, alles, was im weitesten Sinne mit Sexualität zu tun hat, stark tabuisiert ist. Aufgrund dieses Tabus waren wir uns anfangs im unklaren darüber, wie direkt wir unsere Fragen an die Frauen richten können, und ob die Frauen überhaupt bereit sind, mit uns über ein für sie so heikles Thema zu sprechen. Zu unserer Erleichterung erklärten sich die Frauen und Mädchen, fast alle spontan, bereit. Sie beantworteten unsere Fragen bezüglich ihrer Sozialanamnese, ihre Erziehung und der Erziehung ihrer Kinder sowie ihrer Verheiratung sehr offen. Meistens hatten wir das Gefühl, daß die Frauen aufgrund dieser „harmlosen" Fragen nicht mit intimeren Fragen rechneten. Deshalb waren wir befangen, intimere Fragen zu stellen. So versuchten wir, auch weil manche Begriffe den Frauen nicht geläufig waren, anhand von Umschreibungen unsere Fragen zu formulieren. Am schwierigsten war es bei den Punkten Aufklärung und Hochzeitsnacht. Wir erhielten hier nur relativ knappe Antworten. Auf unsere Fragen nach Verhütung und Frauenarztbesuchen wurde schon etwas ausführlicher eingegangen, und bei den Fragen nach Schwangerschaft und Geburt antworteten die Frauen recht offen. Wir scheuten uns jedoch davor, Fragen nach Mißhandlungen durch den Ehemann zu stellen, da wir einerseits annahmen, den Frauen zu nahe zu treten und uns andererseits deshalb keine ehrliche Antwort erhofften. Der Bereich der Mißhandlung dürfte mit noch stärkerem Tabu behaftet sein als der der Sexualität, was man aus der hohen Dunkelziffer schließen kann.

Wir stellten im einzelnen folgende Fragen:

Sozialanamnese: Geburtsjahr
Geburtsort
Zahl der Geschwister
Schulbildung und Beruf der Eltern
eigene Schulbildung und Beruf
Datum der Einreise nach Deutschland
Hochzeitsdatum
Anzahl der Kinder

1. Weißt Du wie die Reaktion Deiner Eltern bei Deiner Geburt bezüglich Deines Geschlechtes war?
2. Wie gestaltete sich Deine Erziehung?
   a) Mußtest Du viel im Haushalt helfen — hattest Du genug Zeit zum Spielen?
   b) Hattest Du den Eindruck, daß Deinen Brüdern mehr Freizeit zugestanden wurde?
   c) Wurdest Du ab einem gewissen Alter von männlichen Personen ferngehalten?
   d) Wurden Dir Vorschriften in bezug auf Deine Kleidung gemacht?
   e) Bist Du religiös erzogen worden?
   f) Wurdest Du aufgeklärt? Wenn ja, durch wen, wie und wann?
   g) Wurdest Du auch über die islamischen Regeln der Waschung nach Menstruation und Geschlechtsverkehr informiert?
3. Wie kam es zur Wahl Deines jetzigen Ehemannes?
   a) Hattest Du vor der Ehe schon Kontakte zu Männern?
   b) Kanntest Du Deinen Bräutigam schon vor der Hochzeit?
   c) Wer wählte Dir den Ehemann aus?
4. Wie erziehst Du Deine eigenen Kinder? (siehe Fragen 2. und 3.)
5. Wurde in der Hochzeitsnacht Wert auf Deine Jungfräulichkeit gelegt?
6. Inwieweit bist Du Deinem Mann gleichberechtigt?
   a) Wo habt Ihr nach der Eheschließung gewohnt?
   b) Welche Arbeiten hast Du verrichtet?
   c) Wer traf die Entscheidung zur Migration?
   d) Wer trifft sonstige Entscheidungen?
7. Hast Du von Männern gehört, die mit mehreren Frauen gleichzeitig verheiratet sind?
8. Hast Du Dir Kinder gewünscht oder wünschst Du Dir Kinder?
   a) Wieviele Kinder wolltest bzw. willst Du?

b) Mochtest bzw. möchtest Du eher Mädchen oder Jungen?

9. Wie war Dein Verhalten während der Schwangerschaft?
   a) Wie alt warst Du bei der ersten Schwangerschaft?
   b) Wer gab Dir Ratschläge, was Du bei einer Schwangerschaft beachten mußt? Kennst Du besondere Regeln?
   c) Warst Du in der Türkei oder in Deutschland schwanger?
   d) Welche Gefühle hattest Du während der Schwangerschaft?
   e) Hast Du regelmäßig an den Vorsorgeuntersuchungen teilgenommen?
   f) Hast Du Dir bei Deinen Arbeiten Erleichterung verschafft?
10. Wie verliefen die Geburten?
    a) Fanden sie in der Türkei oder in Deutschland statt?
    b) Hast Du im Krankenhaus oder zu Hause entbunden?
    c) Wer war bei der Geburt anwesend?
    d) Wußtest Du, wie eine Geburt verläuft? Welche Gefühle hattest Du dabei?
    e) Kennst Du bestimmte Regeln, die man befolgen soll, um dem Kind Glück zu bringen?
11. Führst Du Familienplanung durch?
    a) Wünschst Du Dir noch mehr Kinder?
    b) Kennst Du aus der Türkei Mittel, die angewandt werden, wenn eine Frau keine Kinder bekommt?
    c) Welche Verhütungsmethoden wendest Du an?
    d) Woher hast Du Kenntnisse über die Verhütung?
    e) Fand Verhütung schon in der Türkei statt?
    f) Trägt Dein Mann zur Familienplanung bei?
12. Hat bei Dir schon eine Abtreibung stattgefunden?
    a) Hast Du in der Türkei oder in Deutschland, im Krankenhaus oder selbst zu Hause, abgetrieben?
    b) Welche Mittel kennst Du, um eigenmächtig abzutreiben? Woher kennst Du sie?
13. Warst Du schon einmal beim Frauenarzt?
    a) Fand die Konsultation in der Türkei oder erst in Deutschland statt?
    b) Nach welchen Kriterien hast Du Deinen Frauenarzt ausgewählt?
    c) Gehst Du alleine oder in Begleitung zum Frauenarzt?
    d) Gehst Du regelmäßig oder nur bei Notwendigkeit zum Frauenarzt?
    e) Welche Gefühle hast Du beim Frauenarztbesuch?
    f) Hast Du Vertrauen zu Deinem Arzt? — Gibt es Schwierigkeiten zum Beispiel bei der Verständigung?
14. Kennst Du die Pro Familia?
    a) Woher kennst Du sie?
    b) Weißt Du, welche Aufgaben die Pro Familia hat?

c) Bist Du selbst schon einmal dort gewesen? Aus welchem Grund?
d) Welche Erfahrungen hast Du dort gemacht?
e) Geht Dein Mann mit Dir zur Pro Familia?
15. Kennst Du den Koran?
Wie ist Deine Einstellung zu dem Inhalt?

Um die Anonymität der Türkinnen zu wahren, haben wir die Frauen dem Alphabet nach gekennzeichnet. Die Antworten auf unsere Fragen ergaben das folgende Bild:

1. Interviews

Frau A

Nachdem wir sie über den Zweck unseres Besuches informiert hatten, bekundete sie, daß sie erst ihren Mann fragen wolle, ob dieser damit einverstanden sei, daß sie unsere Fragen beantwortet. Dieser war sofort damit einverstanden und nahm dann auch größtenteils die Beantwortung der Fragen in die Hand. Bei der Befragung war das Ehepaar mit seinen drei Töchtern im Alter von acht bis zwölf Jahren anwesend, wobei die älteste Tochter anfangs zum Übersetzen herangezogen wurde, weil Frau A nur geringe Deutschkenntnisse besitzt.

Frau A wurde 1947 in Iğridere (Bulgarien), einer mittelgroßen Stadt, als sechstes von sieben Kindern, drei Mädchen und vier Jungen, geboren. Im Jahre 1950 siedelte die Familie in die Kleinstadt İnegöl (Westtürkei) über. Ihre Mutter ist Hausfrau, ihr Vater besaß ein kleines Geschäft. Frau A selbst besuchte fünf Jahre lang die Grundschule und ist heute Arbeiterin in einer Taschenfabrik. 1968 heiratete Frau A und kam ihrem 1971 in die Bundesrepublik Deutschland eingereisten Mann ein Jahr später nach. Aus der Ehe gingen drei Mädchen hervor.

1. Da Frau A bereits das sechste Kind ihrer Eltern war, was es diesen egal, welches Geschlecht es hatte.
2. Sie mußte nach der Schule bei der Haus- und Feldarbeit helfen und konnte in der Zeit, die ihr danach verblieb, spielen. Sie glaubt, daß ihren vier Brüdern mehr Freizeit blieb. Eine Trennung von fremden männlichen Personen fand automatisch im Alter von 14 Jahren statt. Ein Kopftuch brauchte Frau A nicht zu tragen; ihre sonstige Kleidung bezeichnet sie als modern. Sie wurde von ihren Eltern religiös erzogen. Durch den Koran und durch ihre Mutter hat sie auch die islamischen Waschregeln kennengelernt. Ihre Aufklärung bestand darin, daß sie im Alter von 16 Jahren zum „Aufpassen“ ermahnt wurde, d.h. daß sie genügend Abstand zu Männern halten sollte.

3. So hatte sie vor ihrer Verlobung auch keine engen Kontakte zu anderen Männern. Ihren Ehemann, den ihr ihre Eltern ausgesucht haben, hat sie vor der Verlobung nur einmal gesehen und erst nach der Verlobung näher kennengelernt. Wenn sie diesen Mann nicht gewollt hätte, wäre er ihr allerdings auch nicht aufgezwungen worden.
4. Die älteste Tochter von Frau A hilft dieser im Haushalt, die zweitälteste nur manchmal und die jüngste noch nicht. Allen Töchtern bleibt genügend Freizeit. Auch mit Jungen dürfen sie Kontakte aufnehmen. Sie sind modern gekleidet. Die Koranschule müssen sie nicht besuchen, dürfen es jedoch, sofern sie wollen. Aufgeklärt ist noch keines der Mädchen; diesbezügliche Fragen der Mädchen an die Eltern werden nur manchmal beantwortet. Die Eltern haben aber nichts gegen den Sexualkundeunterricht in der Schule einzuwenden. Ihren Ehepartner können die Töchter später einmal selbst wählen, da „sie glücklich werden müssen".
5. Bei der Hochzeit von Frau A mußte der Beweis ihrer Jungfräulichkeit nicht anhand eines blutigen Bettlakens erbracht werden.
6. Nach ihrer Heirat lebte das Ehepaar zunächst bei den Eltern des Mannes, wo Frau A die Hausarbeit übernahm. Im Jahre 1971 ging ihr Mann in die Bundesrepublik, um hier zu arbeiten. Sie hatte, als sie 1972 aufgrund eines Briefes von ihrem Mann nachkam, zunächst starkes Heimweh. Es war jedoch ihre eigene Entscheidung. Bei Entscheidungen, die jetzt innerhalb der Familie getroffen werden, bestimmt sie mit.
7. Die Familie wußte von zwei Fällen, in denen ein Mann, allerdings vor längerer Zeit, mit mehreren Frauen verheiratet war.
8. Das Ehepaar hatte sich eigentlich nur zwei Kinder, gleich welchen Geschlechts, gewünscht. Die erste Schwangerschaft wird vom Ehemann als „Unfall" bezeichnet.
9. Frau A war bei ihrer ersten Schwangerschaft in der Türkei 22 Jahre alt. Ratschläge für diese Zeit der Schwangerschaft erhielt sie durch Krankenschwestern und bei den Vorsorgeuntersuchungen beim Frauenarzt. Traditionelle Regeln während der Schwangerschaft hält sie für unsinnig. Bei der ersten Schwangerschaft hatte Frau A Angst. Diese verlor sie jedoch bei ihren weiteren Schwangerschaften, da diese dann nichts Fremdes mehr für sie waren. Für sie selbstverständlich, schonte sich Frau A bei den Hausarbeiten.
10. Ihre beiden ältesten Töchter wurden in der Türkei im Haus ihrer Schwiegermutter im Beisein einer Hebamme, ihrer Schwiegermutter und einer Nachbarin geboren. Die Geburten fanden liegend im Bett statt. Die Schwiegermutter hatte

sie über den Geburtsvorgang informiert. Zur Nachsorge kümmerte sich eine Woche lang eine Hebamme täglich um Mutter und Kind. Das dritte Kind wurde im Krankenhaus in Deutschland zur Welt gebracht. Die Krankenhausgeburt fand Frau A besser, da mehr Sicherheit gewährleistet ist.
Damit die Kinder gute Menschen werden, hat Frau A die getrockneten Nabelschnüre ihrer ersten beiden Kinder in einem Kästchen aufbewahrt, wovon ihr Mann erst am Abend unserer Befragung mit Erstaunen erfuhr.
Daß sie die Nabelschnur ihres dritten Kindes nicht aufbewahren konnte, störte sie jedoch nicht.

11. Der Mann wußte zu berichten, daß eine Frau, die keine Kinder bekommen konnte, sich warm anzog bzw. sich im angeheizten Backhaus aufhielt. Hierbei soll eine Frau umgekommen sein.
    Das Ehepaar selbst wünscht sich jedoch keine weiteren Kinder mehr, weshalb Frau A die Anti-Baby-Pille nimmt. Diese wurde ihr von einer Freundin empfohlen. In der Türkei wandte sie keine Verhütungsmittel an, da diese zu teuer waren und die Beschaffung schwierig war. Der Ehemann gab an, daß beiderseitiges Interesse an der Familienplanung besteht.
12. Frau A nahm noch keine Abtreibung vor. Sie weiß nur, daß in der Türkei häufig Abtreibungen durch Ärzte vorgenommen werden.
13. Den Frauenarzt besuchte Frau A aufgrund ihrer Schwangerschaften in der Türkei mit ihrer Schwägerin. Ebenso braucht Frau A in Deutschland den Gynäkologen nur bei Notwendigkeit. Hier ist sie in Begleitung ihres Mannes, der beim Übersetzen hilft. Der Arzt wurde ihr durch Freundinnen empfohlen. Vor den gynäkologischen Untersuchungen hat Frau A ein wenig Angst, wenn sie jedoch mit dem Frauenarzt spricht, entwickelt sie ein gewisses Vertrauen.
14. Die Pro Familia Beratungsstelle in Fulda ist dem Ehepaar nicht bekannt.
15. Die Regelungen, die im Koran vorgeschrieben sind, befolgen die Eheleute nur insofern, als sie diese für einsichtig und richtig halten. Auf unsere Frage nach der im Koran festgelegten Minderwertigkeit der Frau beharrte der Mann darauf, daß dies die originale arabische Schrift nicht beinhalte.

Frau B

Frau B war zu der Zeit unserer Befragung krankgeschrieben und freute sich, daß wir kamen, da sie sich allein fühlte und Langeweile hatte. Sie ist alleinstehend und lebt mit ihrem fünfjähri-

gen Sohn zusammen. Sie war sofort bereit, unsere Fragen zu beantworten und tat dies völlig unbefangen.
Frau B wurde 1952 in der Großstadt İzmir (Westtürkei) geboren. Sie ist das einzige Kind ihrer Eltern, da diese bei einem Autounfall ums Leben kamen, als sie gerade ein Jahr alt war. Deshalb wohnte sie von dieser Zeit an bei ihren Großeltern in İstanbul. Der Großvater, der bald verstarb, war früher General und hinterließ deshalb der Familie eine gute Rente, so daß die Großmutter nicht zu arbeiten brauchte. Frau B selbst besuchte fünf Jahre lang die Grundschule, drei Jahre lang die Mittelschule, drei Jahre lang das Gymnasium und für ein Jahr die Universität, da sie Apothekerin werden wollte. Dieses Studium unterbrach sie jedoch, als sie ihren Mann kennenlernte. Frau B absolvierte auch einen Näherinnenkurs und arbeitet hier in Deutschland als Näherin in einer Filzfabrik. Sie ist 1970 in die Bundesrepublik eingereist. Im Jahre 1971 heiratete sie in der Türkei einen türkischen Mann; die Ehe wurde aber im Februar 1981 wieder geschieden. Frau B hat einen Sohn.

1. Frau B hatte als Kind sehr viel Freizeit, da die Großmutter für zwei bis drei Stunden täglich eine Haushaltshilfe hatte. Freundschaften mit Jungen wurden ihr nicht verboten, auch war sie während ihrer gesamten Schulzeit mit Jungen zusammen. Frau B war stets europäisch gekleidet. Eine religiöse Erziehung fand, bis auf den Religionsunterricht in der Schule, nicht statt. In der Schule nahm sie auch am Aufklärungsunterricht teil. Außerdem bekam sie von ihrer Großmutter zum 17. Geburtstag ein Sexualkundebuch geschenkt. Nicht alles in diesem Buch war ihr verständlich, sie schämte sich jedoch, zu diesem Thema ihre Großmutter zu fragen. Die islamischen Waschungen sind ihr zwar bekannt, sie wurde allerdings nicht dazu angehalten, sie durchzuführen.
2. Schon vor der Ehe hatte sie Freundschaften mit jungen Männern geschlossen. Ihren Ehemann kannte sie schon vor der Eheschließung.Sie heiratete ihn trotz der Einwände ihrer Großmutter, die fand, daß er wegen seiner geringen Schulbildung, des geringen Einkommens und der dörflichen Herkunft nicht für sie geeignet sei.
3. Frau B glaubt, daß es für ein Kind wichtig ist, seine Kindheit auszukosten. Ihr Sohn ist auch noch zu klein, als daß sie ihn zu Arbeiten heranziehen könnte. Auch einem Mädchen würde sie, für die Zeit seiner Kindheit, viel Freizeit lassen, da es, wie sie sagt, „später sowieso seine Aufgabe sein wird, einen Haushalt zu versorgen". Frau B hat vor, ihren Sohn im Alter von ungefähr 13 Jahren aufzuklären; sie hält dies für unerläßlich. Sie wird ihm auch bei der Brautwahl keine Vorschrif-

ten machen, da sie in sein Leben nicht eingreifen möchte und er seine eigenen Erfahrungen machen soll.

4. Ob sie bei ihrer Heirat noch Jungfrau war, mußte sie bei ihrer Schwiegermutter nicht unter Beweis stellen. Auch ihr Ehemann legte keinen Wert auf ihre Jungfräulichkeit, da er sie liebte.
5. Frau B reiste gleich nach der Hochzeit wieder nach Deutschland, da sie nicht im Heimatdorf des Ehemannes leben wollte und da sie sich in Deutschland wohler fühlte. Ihr Mann konnte erst sieben Monate später nachkommen. Zunächst versuchte der Mann alle Entscheidungen selbst und „über ihren Kopf hinweg" zu treffen, wogegen sich Frau B allerdings zur Wehr setzte. Sie setzte sich durch und erreichte, daß auch die Arbeiten im Haushalt gemeinsam verrichtet wurden, da beide berufstätig waren. Als ihr Mann arbeitslos wurde, übernahm er zu einem großen Teil die Hausarbeit.
6. Frau B kennt keine Fälle, in denen ein Mann mit mehreren Frauen verheiratet ist.
7. Frau B wollte in der Anfangszeit ihrer Ehe auf keinen Fall ein Kind, da sie sich noch eine gewisse Freiheit bewahren wollte. Gemeinsam hatten sich die Eheleute noch keine Gedanken über Kinder gemacht. Erst nach ca. vier Jahren, als es in der Ehe zu kriseln anfing, wünschte sich Frau B ein Mädchen, weil ihre Schwiegermutter glaubte, daß durch die Geburt eines Kindes die Ehe wieder glücklich werden könne.
8. Der Arzt sagte ihr jedoch, daß sie keine Kinder bekommen könne, da sie die Anti-Baby-Pille zu lange eingenommen habe. Deshalb freute sie sich, als sie im Alter von 24 Jahren schwanger wurde. An den Vorsorgeuntersuchungen nahm Frau B regelmäßig teil. Im sechsten Monat ihrer Schwangerschaft mußte sie für vier Wochen ins Krankenhaus eingeliefert werden, da sie einen Schock erlitt, als sie ihren Mann mit seiner Freundin im Bett entdeckte. Für den Rest der Schwangerschaft war sie krankgeschrieben bzw. hatte Schwangerschaftsurlaub. Durch die zerrüttete Ehe verzweifelt, unternahm Frau B einen Selbstmordversuch.
9. Im Jahre 1976 wurde sie im Krankenhaus in Deutschland durch Kaiserschnitt von einem Sohn entbunden. Vor dieser Kaiserschnittentbindung hatte Frau B Angst. Als sie erfuhr, daß es ein Junge ist, war sie sehr enttäuscht, da sie sich eigentlich ein Mädchen gewünscht hatte. Bestimmte Regeln, deren Befolgung dem Kind Glück bringen sollen, sind ihr nicht bekannt.
10. Im Moment wünscht sich Frau B keine weiteren Kinder. Wenn sie allerdings einen geeigneten Ehemann findet, würde

sie sich noch ein Kind, nämlich ein Mädchen, wünschen. Mittel, die fruchbar machen, kennt sie aus der Türkei nicht; sie selbst würde, wenn sie keine Kinder bekommen könnte, den Frauenarzt konsultieren.
Durch ihre Freundin erfuhr sie über die Verhütung durch die Anti-Baby-Pille, die sie sich dann von ihrem Hausarzt in Deutschland verschreiben ließ. Die Pille nahm sie während ihrer Ehe bis acht Monate vor der Schwangerschaft ein. Zur Zeit verhütet sie nicht, da sie ohne Partner ist.

11. Abgetrieben hat Frau B noch nicht, sie weiß aber, daß in der Türkei beim Arzt oder auch eigenmächtig oft Abtreibungen vorgenommen werden. Sie glaubt, daß viele ihrer Landsmänninnen auch in Deutschland selbst Fehlgeburten einleiten. Sie hat von Frauen gehört, daß heiße Sitzbäder gemacht werden, im Rhythmus von drei Stunden vier Aspirintabletten eingenommen werden oder daß durch häufiges und hohes Springen versucht wird, den Fötus abzutöten.
12. Da Frau B durch das lange Einnehmen der Anti-Baby-Pille nicht schwanger wurde, obwohl sie diese schon mehrere Monate abgesetzt hatte, fragte sie ihren Hausarzt um Rat. Dieser empfahl ihr einen Frauenarzt. Da es für Frau B der erste Frauenarztbesuch war, hatte sie ein „komisches Gefühl", welches sie mit zwei Cognacs erfolgreich verdrängte. Frau B geht nur zum Frauenarzt, wenn es ihr notwendig erscheint. Sie geht alleine und hat seit dem ersten Mal keine Angst mehr. Zum Arzt hat sie Vertrauen und es bestehen keine Verständigungsschwierigkeiten, da sie recht gut deutsch spricht.
13. Die Pro Familia kennt sie dadurch, daß sie schon mit Freundinnen dort war und als Dolmetscherin fungiert hat.
14. Sie lehnt den Koran insgesamt ab und hat ihn noch nicht gelesen („um Gottes Willen, nicht Koran!"). Sie hat aber bereits Bücher gelesen, die sich mit dem Leben Mohammeds, der Entstehung des Korans und der Bibel beschäftigen. Koranschulen für Kinder befürwortet sie nicht.

Frau C (Schwester von Frau G)
Der Zeitpunkt unseres Besuches bei Frau C war etwas ungünstig, da sie gerade mit den Vorbereitungen für den Geburtstag ihres elfjährigen Sohnes beschäftigt war. Dieser war auch während der gesamten Befragung in der Küche anwesend und irritierte sowohl uns als auch seine Mutter, die nicht so gut deutsch spricht, durch laute Zwischenrufe und ständiges Fragen. Frau C bemühte sich dennoch, uns zufriedenstellende Antworten zu geben.
Frau C wurde 1949 in Istanbul als drittes von insgesamt elf Kin-

dern, fünf Mädchen und sechs Jungen, geboren. Ihre Mutter, die insgesamt 23 mal schwanger war, ist Hausfrau, ihr Vater war „mütahit“ (ein mütahit ist vergleichbar mit einem Wohnungsmakler. Bei ihm melden sich Interessenten für Eigentumswohnungen. Die Interessenten zahlen an ihn den Kaufpreis für die Wohnungen, woraufhin er, wenn er genug Interessenten hat, den Bau eines Mehrfamilienhauses bei einer Baugesellschaft in Auftrag gibt.). Frau C selbst besuchte fünf Jahre lang die Grundschule. Im Jahre 1967 heiratete sie und kam im Jahre 1969 mit ihrem Mann nach Deutschland. Das Ehepaar hat zwei Kinder, einen Jungen und ein Mädchen. Frau C arbeitet zur Zeit als Näherin in einer Änderungsschneiderei.

1. Der Mutter von Frau C war es bei deren Geburt egal, welches Geschlecht das Kind hatte. Sie meint jedoch, daß ihrem Vater ein Sohn lieber gewesen wäre.
2. Frau C hatte als Kind viel Zeit zum Spielen. Dies änderte sich jedoch im Alter von 13 Jahren, weil sie von jetzt an viel im Haushalt helfen mußte, während ihre Brüder höchstens Einkäufe erledigten und ansonsten ihre Kindheit genießen konnten. Als sie etwa 15 Jahre alt war, wurde sie dazu ermahnt, nicht mit fremden Jungen spazierenzugehen oder mit ihnen zu sprechen. Dies war ihr nur erlaubt mit Jungen aus bekannten Familien. Frau C trug kein Kopftuch und war europäisch gekleidet. Ihre Aufklärung bestand in der Warnung, den engeren Kontakt mit Männern unbedingt zu meiden. Die islamischen Waschregeln wurden ihr von der Mutter beigebracht.
3. Frau C hatte von ihren Eltern schon viele junge Männer vorgestellt bekommen, schlug jedoch eine Heirat mit ihnen aus. An ihrer Arbeitsstelle lernte sie einen jungen Mann kennen, in den sie sich verliebte. Da sie sich gut verstanden, ließ der junge Mann durch seine Eltern bei Frau Cs Vater um deren Hand anhalten. Die Eltern, die von der Bekanntschaft der beiden nichts wußten, fragten ihre Tochter, ob sie diesen Mann heiraten wolle, und sie willigte ein.
4. Die Kinder von Frau C müssen zu Hause nur sehr selten helfen und genießen viel Freiheit. Die Tochter ist erst fünf Jahre alt. Bis jetzt erzieht sie ihre Kinder gleich. Später jedoch will sie Unterschiede bei der Erziehung von Sohn und Tochter machen, und zwar insofern, als der Junge mehr Freiheiten haben wird als das Mädchen. Beide sollen im geeigneten Alter aufgeklärt werden, wobei Frau C auch die islamischen Waschregeln für notwendig hält. Grundsätzlich dürfen beide Kinder ihren Ehepartner selbst wählen. Den Partner der Tochter möchte Frau C aber kennen bzw. kennenlernen und

auch mit ihm einverstanden sein.

5. Frau C sagt, daß es in Istanbul nicht mehr von Interesse ist, ob eine Frau jungfräulich in die Ehe geht. So war es auch bei ihr.
6. Nach der Hochzeit wohnte das Ehepaar einen Monat lang bei der Schwester des Mannes, da es geplant war, die Wohnung der Schwester zu übernehmen. Da die Übernahme der Wohnung nicht möglich war, suchten sich die Eheleute eine eigene Wohnung. Sie erledigten die Hausarbeit gemeinsam, da beide berufstätig waren. Die Entscheidung zur Migration nach Deutschland lag beim Ehemann, der zunächst nur für zwei Jahre zu seinem hier lebenden Bruder wollte. Frau C kam nach sechs Monaten auf Wunsch ihres Mannes nach. Über Angelegenheiten, die die Familie betreffen, wird gemeinsam gesprochen und entschieden.
7. Frau C hat von einem Mann gehört, der mit zwei Frauen verheiratet war. Dieser lebte allerdings in einem Dorf.
8. Frau C wollte erst im Alter von 20 Jahren ein Kind, egal welchen Geschlechts. Das zweite Kind wurde gezeugt, weil sich das erste noch eine Schwester oder einen Bruder wünschte. Dieses Mal wünschte sich Frau C aber ein Mädchen.
9. Bei der ersten Schwangerschaft war Frau C 20 Jahre alt. Da sie bei ihrer Mutter schon viele Schwangerschaften miterlebte, barg der Zustand des Schwangerseins nichts Angsterregendes für sie. Sie weiß zwar, daß es in der Türkei bestimmte Bräuche für die Zeit der Schwangerschaft gibt, die das Aussehen des Kindes beeinflussen sollen, hat aber selbst nicht davon Gebrauch gemacht. Weil ihre erste Geburt nicht sehr einfach war, hatte sie schon während ihrer zweiten Schwangerschaft Angst vor der bevorstehenden Geburt. Außerdem befürchtete sie, daß es kein Mädchen ist, wie sie es sich diesesmal wünschte. Bei beiden Schwangerschaften besuchte sie regelmäßig die Vorsorgeuntersuchungen und reduzierte ihre Arbeiten im Haushalt.
10. Beide Geburten fanden in Deutschland im Krankenhaus statt. Vor Arzt und Krankenschwestern, die Frau C fremd waren, und vor technischen Apparaturen hatte sie keine Angst, nur vor dem Augenblick der Geburt selbst. Bei ihr waren dann auch bei der ersten Geburt Dammschnitt und Narkose notwendig. Von ihren Eltern weiß sie, daß diese die getrocknete Nabelschnur ihres ältesten Sohnes in der Moschee aufbewahrten. Da Frau Cs Kinder in Deutschland zur Welt kamen, hatte sie keine Gelegenheit dazu, die Nabelschnur aufzubewahren; sie zeigte aber auch kein Interesse daran.
11. Ihre spontane Äußerung auf unsere Frage, ob sie noch mehr

Kinder wolle, war: „Um Gottes Willen — nein!" Auch ihr Mann will keine weiteren Kinder. Verhütet hat sie während ihrer 14 Ehejahre insgesamt 4 Monate mit der Pille, die ihr dadurch bekannt war,daß ihre Mutter sie selbst einnahm. Ansonsten„ paßte und paßt" ihr Mann beim Geschlechtsverkehr „ auf ". Frau C kennt keine Maßnahmen, die eine Frau, die keine Kinder bekommt, ergreift, um Schwanger zu w werden, außer zum Arzt zu gehen. Ihr ist nur die Möglichkeit der Geschlechtsbestimmung des Embryos bekannt: Man legt unter ein Kissen ein Messer, unter ein anderes eine Schere. Je nachdem, wohin sch die Schwangere setzt, wird sie einen Jungen oder ein Mädchen bekommen.

12. Frau C selbst hat noch keine Abtreibung vornehmen lassen. Sie weiß, daß ihre Mutter mehrmals eigenmächtig abgetrieben hat, kennt jedoch die Mittel dafür nicht.
13. Frau C ist sowohl in der Türkei als auch in Deutschland schon bei Frauenärzten gewesen. Beim ersten Mal in Deutschland begleitete sie ihr Mann, um zu dolmetschen. Ansonsten geht sie alleine zum Frauenarzt. Sie konsultiert ihn jedoch nur, wenn es ihr nötig erscheint. Krebsvorsorgeuntersuchungen nimmt Frau C nicht wahr. Sie hat vier verschiedene Frauenärzte besucht, bis sie einen fand, bei dem sie vor den Untersuchungen keine Angst hat, dem sie alles sagen kann und zu dem sie Vertrauen hat. Trotzdem schämt sie sich jedesmal sehr.
14. Frau C ist die Pro Familia-Beratungsstelle in Fulda bekannt; sie war schon einmal dort, als ein türkischer Film über Familienplanung gezeigt werden sollte. Wenn sie in dieser Beziehung Hilfe bräuchte, würde sie sich an die Pro Familia wenden.
15. Frau C hat den Koran nie gelesen und würde ihn auch nicht befolgen.

Frau D (Cousine von Frau F)

Frau D wohnt mit ihrem Mann und zwei ihrer Brüder, die um 20 Jahre alt sind, zusammen. Einer davon war zeitweise bei der Befragung anwesend, wurde aber wiederholt von ihr ins Nebenzimmer verwiesen. Frau D erzählte ohne Umschweife von ihren Erlebnissen, noch bevor wir mit der Befragung begonnen hatten. Ihrem Paß nach ist Frau D 1950 geboren, es kann jedoch sein, daß das Geburtsdatum durch ihren Vater um vier Jahre vorverlegt wurde. Sie wurde als älteste Tochter von sieben Kindern, zwei Mädchen und fünf Jungen, in Incesu, einem kleinen Dorf bei Kars (Osttürkei, nahe der sowjetischen Grenze), geboren. Ihre Mutter ist Hausfrau, ihr Vater war Bürgermeister des Dorfes und betrieb einen kleinen Laden. Frau D besuchte fünf Jahre lang die Grundschule und nahm acht Monate lang an einem Handarbeitskurs teil, da sie Handarbeitslehrerin werden wollte. Sie unterbrach diese Ausbildung, da ihr Vater nicht damit einverstanden war, daß sie im Rahmen dieses Kurses und der späteren Berufsausübung alleine in verschiedene fremde Städte ging. Im Jahre 1972 reiste Frau D mit einer Cousine zu ihrer Tante nach Deutschland, um hier zu arbeiten. Sie ist zur Zeit Arbeiterin im Metallgewerbe. Im August 1978 heiratete sie in der Türkei einen türkischen Mann. Kinder hat sie bis jetzt noch keine.

1. Da Frau D das erste Kind ihrer Eltern ist, haben sich beide gefreut, der Vater umso mehr, da es ein Mädchen war, wie er es sich wünschte.
2. Sie glaubt, daß sowohl sie als auch ihre Geschwister ihren Eltern viel helfen mußten, die Mädchen bei der Hausarbeit, die Jungen im Stall und auf dem Feld. Daneben mußten die Mädchen noch ihre Aussteuer anfertigen. In der Zeit, die nach der Arbeit verblieb, konnten die Kinder spielen. Da das Dorf, aus dem Frau D stammt, sehr klein ist und die Familien untereinander bekannt sind, hielten die Eltern eine Trennung ihrer Tochter von Jungen nicht für nötig. Allerdings wollten sie stets wissen, mit wem sie Umgang hat. Ein Kopftuch hat Frau D nicht tragen müssen, auch ansonsten war sie europäisch gekleidet. Von der islamischen Religion erfuhr sie nur im Rahmen des Religionsunterrichts in der Schule. Dort erfuhr sie auch von den islamischen Waschungen, deren Durchführung ihre Eltern aber nicht verlangten. Da sie durch ihre Mutter nicht aufgeklärt wurde und es außerdem als unschicklich gilt, ältere Personen zum Thema Sexualität zu fragen, wagte sie erst in Deutschland, an eine jungverheiratete Freundin mit solchen Fragen heranzutreten.
3. Während eines Urlaubs in der Türkei wurde Frau D mit dem Sohn eines Onkels verlobt, da dies der letzte Wille ihres verstorbenen Vaters war. Ihr zukünftiger Schwiegervater verlangte aber von ihr, daß sie von nun an ihr Leben in Incesu verbringen solle und sich den dörflichen Gewohnheiten anpaßt, was bedeutete, daß sie unter anderem Brot backen müßte, was sie nie gelernt hat, und daß sie ein Kopftuch, langärmlige Bluse und Pluderhosen tragen müßte. Deshalb löste sie die Verlobung einen Tag vor dem Hochzeitstermin durch ihre Flucht nach Deutschland.

   Ihr jetziger Ehemann ist ebenfalls ein Cousin aus Incesu. Ihre Mutter war zunächst gegen diese Heirat mit dem Einwand, daß der Mann Alkohol trinke und rauche. Deshalb forderte sie viel Geld, Kleider und Möbel, wenn er ihre Tochter heiraten wollte. Da Frau D die Forderungen nach diesen materiellen Werten nicht richtig fand, ließ die Mutter davon ab und erlaubte ihrer Tochter, diesen Mann zu heiraten. Vor ihrer Hochzeit hatte Frau D ansonsten noch keine Freunde.

5. Sie selbst hat bei der Anfertigung ihrer Aussteuer ein Tuch angefertigt (ca. 50 x 50 cm groß), das für die Hochzeitsnacht auf das Bettlaken genäht wurde. Nach den Hochzeitsfeierlichkeiten wurde sie von einer Verwandten des Mannes und einer Frau aus ihrem Verwandtenkreis zum ehelichen Schlafzimmer begleitet. Dort wartete sie allein bis zum Eintreten ihres Mannes. Es ist eigentlich in ihrem Heimatdorf Sitte, daß die Braut so lange nicht sprechen darf, bis ihr der Mann ein Geschenk gemacht hat. Diese Sitte kannte Frau D zwar, hielt sich jedoch nicht daran und redete sogleich auf ihren Mann ein, als er das Schlafzimmer betrat. Die beiden weiblichen Verwandten warteten die ganze Nacht vor der Schlafzimmertür und empfingen am Morgen in einem Deckelkorb das mit dem Jungfernblut befleckte Tuch und das Nachthemd von Frau D. Nachdem die Beweise der Jungfräulichkeit den Schwiegereltern vorgelegt worden waren, wurden sie auch den Nachbarn gezeigt.
6. Nach der Hochzeit reiste Frau D wieder nach Deutschland. Der Ehemann blieb vorerst in der Türkei und kam erst auf ihren Wunsch im September 1981 nach. Ihre Existenz in Deutschland hatte sich Frau D bis dahin schon alleine aufgebaut. Seit ihr Mann in der Bundesrepublik ist, überläßt sie Entscheidungen meistens ihm, um Streitigkeiten zu vermeiden. Er ist sehr eifersüchtig, weshalb sich Frau D öfters vor ihm rechtfertigen muß, wenn sie sich mit fremden Männern unterhält, auch wenn es sich nur um Belanglosigkeiten handelt.
7. Sie glaubt, daß in der Umgebung von Afyon noch vereinzelt Polygynie herrscht, kennt sie aber aus ihrem Heimatdorf nicht.
8. Frau D möchte insgesamt vier Kinder haben, zuerst zwei Mädchen und dann zwei Jungen. Ihr Mann möchte auch Kinder; sie haben sich jedoch noch nicht gemeinsam überlegt , wie viele.
11. Es wurden noch keine Verhütungsmittel angewandt, da sich das Ehepaar bis jetzt vergeblich ein Kind wünscht. Frau D wurde zwar selbst von einer älteren Frau während eines Urlaubs in der Türkei etwas in die Scheide eingeführt, damit sie schwanger werden kann; sie weiß jedoch nicht, worum es sich handelte.

12. Von türkischen Frauen, die selbst abgetrieben haben, hat sie gehört, daß sie die Fruchtblase zerstachen,vier Grippin-Tabletten (gegen Kopfschmerzen zu verwenden) einnahmen, schwere Lasten trugen, von hohen Absätzen hinuntersprangen oder einen nach Essig riechenden Würfel, der eigentlich zum Würzen von Speisen verwendet wird (wir nehmen an, daß es sich um ein Zitronenextrakt handelt), in Wasser auflösten und damit Scheide und vermutlich auch Gebärmutter ausspülten.
13. Frau D war nach ihrer Hochzeit das erste Mal in der Türkei, später in Deutschland, beim Frauenarzt gewesen. Sie suchte den Frauenarzt auf, weil keine Schwangerschaft eintrat. Ansonsten geht Frau D, außer wenn sie Schmerzen hat, nicht zum Frauenarzt. Sie konsultiert den Arzt immer alleine. In Deutschland wurde ihr ein Frauenarzt von Arbeitskolleginnen empfohlen. Vor ihrem ersten Frauenarztbesuch in Deutschland fragte sie Freundinnen, wie die Untersuchungen vonstatten gehen; deshalb hatte sie keine Angst, schämte sich aber sehr. Da ihr ein besserer Arzt empfohlen wurde, wechselte sie zu einem Frauenarzt, von dem sie sich jetzt besser verstanden fühlt und der mehr Geduld für sie aufbringt. Trotzdem ist immer noch große Scham bei ihr vorhanden.
14. Die Pro Familia-Beratungsstelle ist Frau D bekannt; sie ist aber noch nie da gewesen.
15. Frau D hat den Koran nur in arabischer Sprache gelesen. Den Inhalt kennt sie nur durch Auslegungen des Hodschas und von Leuten, die den Koran verstanden haben. Sie weiß aber nicht, ob deren Auslegungen richtig sind. Daß eine Frau minderwertiger sein soll, gefällt ihr nicht. Außerdem spricht sie sich gegen Polygynie aus.

Frau E

Bei unserer Befragung bei Frau E waren deren Ehemann und die beiden Töchter im Alter von fünf und 12 Jahren anwesend. Die älteste Tochter war oft beim Übersetzen behilflich, während der Ehemann nur selten Einwürfe machte. Die Antworten, die Frau E auf unsere Fragen gab, waren ausführlich und spontan.

Frau E wurde 1942 in Antalya, einer größeren Stadt (Westtürkei), als zweitältestes von acht Kindern, zwei Mädchen und sechs Jungen, geboren. Ihre Mutter ist Hausfrau, ihr Vater war Maschinenschlosser gewesen. Frau E selbst besuchte zunächst fünf Jahre lang die Grundschule, dann drei Jahre lang die Berufsschule, wobei sie eine Schneiderinnenlehre absolvierte, und machte zusätzlich noch eine zweijährige Ausbildung im Handarbeiten. Sie arbeitet jetzt als Näherin in einer Textil- und Bekleidungsfabrik.

Im Jahre 1964 heiratete Frau E und reiste 1973 ihrem Ehemann, der bereits drei Monate in Deutschland war, nach. Das Ehepaar hat drei Kinder, einen Jungen und zwei Mädchen.

2. Frau E hatte als Kind viel Zeit zum Spielen. Erst als ihre ältere Schwester heiratete, mußte sie viel im Haushalt helfen. Zu dieser Zeit war Frau E etwa 12 Jahre alt. Sie hat den Eindruck, daß ihre Brüder freier als die Mädchen erzogen wurden. So durfte Frau E nur dann an Festen teilnehmen, wenn diese innerhalb des Familienkreises stattfanden. Als sie etwa 15 Jahre alt war, erwarteten nicht nur ihre Eltern, sondern auch die Verwandten und Nachbarn, daß sie sich von Jungen fernhielt. Ihre Kleidung war derart, wie man sich in der Stadt zu kleiden pflegt. Frau E ist von ihren Eltern religiös erzogen worden. Sie wurde zum Beten angehalten und in die Moschee geschickt. Dort hat sie auch die islamischen Waschregeln kennengelernt, deren Durchführung die Eltern aber nicht verlangten. Frau E wurde nicht aufgeklärt, da das Thema Sexualität allgemein tabu war. Ihr war von vornherein verboten, mit Jungen überhaupt zu sprechen.
3. Die Eltern ihres jetzigen Mannes hielten bei den Eltern von Frau E um deren Hand an. Da Frau E diesen Mann schon seit einem Jahr flüchtig kannte, war sie einverstanden, als ihre Eltern sie fragten, ob sie ihn heiraten wolle. Nach sechsjähriger Verlobungszeit fand die Hochzeit statt. Andere Freundschaften hatte Frau E vor der Ehe nicht.
4. Die Töchter haben viel Zeit zum Spielen. Die ältere Tochter muß jetzt, da sie 12 Jahre alt ist, ihrer Mutter im Haushalt behilflich sein. Ihre Töchter dürfen, solange sie noch zur Schule gehen, Kontakt mit Jungen haben. Nach Schulabschluß sollten sie allerdings jeden Kontakt mit Jungen meiden. Dies aber nicht deshalb, weil es Frau E oder ihrem Mann nicht recht wäre, sondern weil ihre türkischen Landsleute in Fulda schlecht über ihre Töchter denken könnten, wenn sie mit Jungen gesehen würden. Der 17jährige Sohn des Ehepaars genießt deshalb gänzliche Freiheit, weil er bei seinen Großeltern in der Türkei lebt und dort zur Schule geht. Der Vater berichtete uns stolz, daß der Sohn bereits mehrere Freundinnen hatte. Die 12jährige Tochter ist in der Schule und durch Fernsehsendungen aufgeklärt worden. Auch mit ihrer Mutter hat sie über Sexualität schon gesprochen. Obwohl die Mutter gläubig ist, mußte die Tochter den Koran noch nicht lesen. Frau E sagte jedoch, daß es sein kann, daß sie später einmal von ihrer Tochter erwartet, daß diese den Koran liest. Die Waschungen werden von der ganzen Familie für unwichtig gehalten.

Frau E gab an, daß ihre Töchter heiraten dürfen, wen sie wollen, aber die zukünftigen Schwiegersöhne müssen „aus gutem Hause“ stammen. Die Töchter sollen aber mindestens 20 Jahre alt sein und die Schule oder eine Ausbildung beendet haben.

5. Frau E mußte den Beweis ihrer Jungfräulichkeit in der Hochzeitsnacht nicht durch ein blutbeflecktes Bettlaken erbringen.
6. Das Ehepaar wohnte nach der Heirat in einer eigenen Wohnung und Entscheidungen wurden bisher gemeinsam getroffen. Über die Migration nach Deutschland entschied allerdings der Ehemann alleine. Frau E war zunächst bei dem Gedanken, nach Deutschland überzusiedeln, sehr verzweifelt. Deshalb war der Ehemann schon drei Monate vor ihr in der Bundesrepublik.
7. Der Ehemann wußte von Männern, die mit mehreren Frauen gleichzeitig verheiratet waren. Es waren stets reiche Männer und die Frauen lebten nicht gemeinsam in einer Wohnung.
8. Eigentlich wollte das Ehepaar überhaupt keine Kinder. Als Frau E jedoch schwanger wurde, wollte ihr Mann lieber einen Sohn haben, während es ihr egal war, ob sie ein Mädchen oder einen Jungen gebärt.
9. Frau E war im Alter von 23 Jahren das erste Mal schwanger. Bei ihren ersten beiden Schwangerschaften lebte sie noch in der Türkei, bei der dritten war sie bereits in Deutschland. Informationen über die Schwangerschaft bekam sie durch ihre Eltern, Freundinnen, Bücher und einen halbjährigen Kurs in der Schule, bei dem sie auch Säuglingspflege erlernte. Frau E hat sich jedesmal über die Schwangerschaft und auf das Kind gefreut, nur vor den Geburten selbst hatte sie Angst. Sie ging jeden Monat regelmäßig zur Schwangerenvorsorge. Während der Schwangerschaften in der Türkei war sie nicht berufstätig und auch zu Hause schonte sie sich bei der Arbeit, besonders bei der ersten Schwangerschaft, da sie häufig Bauchschmerzen hatte.
10. Alle drei Geburten fanden in der Türkei im Krankenhaus statt. Für die Geburt des dritten Kindes nahm sie extra zweieinhalb Monate lang Urlaub, um in der Türkei entbinden zu können. Bei der Geburt des ersten Kindes schämte sie sich vor Arzt und Krankenschwestern. Bei dieser Geburt war ein Dammschnitt erforderlich und sie hatte deshalb auch vor den folgenden Geburten ein wenig Angst. Diese verliefen jedoch normal. Von dem Brauch, die Nabelschnur zu trocknen und aufzubewahren, hat Frau E zwar gehört, sie findet aber, daß die Nabelschnur Abfall ist.

11. Das Ehepaar will keine Kinder mehr. Nach der Geburt des ersten Kindes begann Frau E die Anti-Baby-Pille einzunehmen, setzte sie aber wegen starker Nebenwirkungen nach drei Tagen wieder ab. Nachdem ihr drittes Kind zwei Jahre alt war, hat sie für nahezu vier Jahre mit der Pille verhütet. Ansonsten „paßte und paßt" ihr Mann „auf".
Frauen, die keine Kinder bekommen können, würde sie raten, zum Arzt zu gehen oder Kinder zu adoptieren.
12. Frau E hat noch keine Abtreibung hinter sich, weiß auch nicht, wie Frauen eigenmächtig abtreiben, obwohl sie davon schon oft gehört hat.
13. Frau E konsultierte in der Türkei wie auch in Deutschland schon oft den Frauenarzt. In Deutschland wurde sie bei ihrem ersten Frauenarztbesuch von einer Dolmetscherin des Ausländerbüros ihrer Arbeitsstelle begleitet, die ihr auch den Arzt empfahl. Frau E hat auf Empfehlung einer Freundin später den Arzt gewechselt und geht mittlerweile alleine dort hin. Sie geht immer dann zum Frauenarzt, wenn es ihr notwendig erscheint oder wenn sie ein neues Rezept für die Anti-Baby-Pille benötigt. Außerdem läßt sie jedes Jahr eine Krebsvorsorgeuntersuchung durchführen. Bei ihren Arztbesuchen hat sie keine Angst und schämt sich auch nicht. Da Frau E nicht alles versteht, was ihr der Arzt sagt, ist sie auf seine Erklärungen angewiesen, für die er sich stets Zeit nimmt. Sie ist auch deshalb mit ihrem jetzigen Frauenarzt zufrieden, weil sie gegebenenfalls auch ohne Voranmeldung zur Behandlung kommen kann.
14. Frau E ist die Pro Familia-Beratungsstelle in Fulda bekannt, da sie schon einmal dort war, als ein türkischer Film über Familienplanung gezeigt werden sollte. Falls bei ihr eine Abtreibung notwendig wäre, würde sie die Hilfe der Pro Familia in Anspruch nehmen. Zu dieser Schwangerschaftskonfliktberatung würde sie alleine gehen, sofern ihr Mann keine Zeit fände, sie zu begleiten.
15. Frau E hat den Koran zweimal gelesen und auch Suren auswendiglernen müssen, jedoch nur in arabischer Sprache, die sie nicht versteht. Sie lernte den Inhalt des Korans nur durch Auslegung anderer kennen, hat dies aber größtenteils schon wieder vergessen, obgleich sie angibt, gläubig zu sein.

Frau F (Cousine von Frau D)

Frau F war zur Zeit unseres Besuches gerade im dritten Monat schwanger. Sie beantwortete unsere Fragen offen, nur zeitweise sprach sie etwas leiser, wenn ihr Schwager anwesend war. Sie

hätte sich geschämt, wenn er erfahren hätte, daß sie schwanger ist.
Frau F wurde 1953 als ältestes von insgesamt neun Kinder, fünf Mädchen und vier Jungen, in Incesu, einem kleinen Dorf in der Nähe der Kleinstadt Kars (Osttürkei, nahe der sowjetischen Grenze), geboren. Ihre Mutter ist Hausfrau, ihr Vater arbeitete in der Landwirtschaft. Frau F besuchte fünf Jahre lang die Grundschule und ein Jahr lang eine Schule, in der sie das Teppichknüpfen erlernte. Zur Zeit ist sie als Metallarbeiterin tätig. Im Jahre 1972 migrierte sie nach Deutschland. 1977 heiratete sie in der Türkei einen türkischen Mann. Das Ehepaar hat bis jetzt eine Tochter im Alter von zweieinhalb Jahren.

1. Frau F glaubt, daß sich ihre Eltern über ihre Geburt gefreut haben, da sie das erste Kind überhaupt im Familienkreis ist.
2. Frau F hatte während ihrer Kindheit viel Zeit zum Spielen und mußte nach dem Schulunterricht nur ein wenig im Haushalt helfen. Ihre Brüder taten dies nur gelegentlich und hatten mehr Freizeit als sie. Außerdem besuchten sie später Schulen außerhalb ihres Heimatdorfes und waren nur in den Ferien zu Hause. Da es in ihrem Heimatdorf üblich war, daß Mädchen und Frauen Kopftücher trugen, mußte auch sie ein Kopftuch tragen. Ihre sonstige Kleidung bezeichnet sie als der europäischen angeglichen. Allgemein bekannt war auch, daß die Mädchen auf der Straße nicht mit Jungen sprechen durften, deshalb mußte es ihr von den Eltern nicht ausdrücklich verboten werden. Ihre Erziehung bezeichnet sie nicht als religiös, da sie auch nicht beten mußte. Mit etwa 14 Jahren wurde sie von ihrer Mutter und einer Cousine über die islamischen Waschungen informiert, die sie dann auch durchzuführen hatte. Eine sexuelle Aufklärung fand weder zu Hause noch in der Schule statt.
3. Ihren jetzigen Mann, der ein Cousin von ihr ist und den sie vor der Ehe bereits kannte, da er zwei Jahre lang in der Nachbarschaft wohnte, haben ihre Eltern für sie ausgesucht. Beide Kinder waren mit der Heirat einverstanden. Allerdings wäre Frau F nicht gegen ihren Willen mit diesem Mann verheiratet worden. Vor ihrer Ehe hatte sie noch keine anderen Männer kennengelernt.
4. Sie glaubt, daß sie ihre jetzt zweieinhalbjährige Tochter später einmal zu Hausarbeiten heranziehen wird, wenn sie selbst keine Zeit hat oder wenn Besuch im Hause ist. Wenn ihre Tochter etwa 14 Jahre alt ist, wird sie ihr verbieten, mit Jungen auf der Straße zu reden. Kleiden soll sich die Tochter nach ihrem eigenen Geschmack. Frau F weiß noch nicht, ob sie ihre Tochter religiös erziehen wird, da sie es auch von de-

ren Willen abhängig macht. Frau F glaubt, daß es besser ist, wenn Kinder von ihren Eltern aufgeklärt werden, als wenn sie die Informationen von anderen erfahren. Kurz vor Eintritt der Menstruation will sie ihrer Tochter die islamischen Waschregeln beibringen, da eine Frau erst nach Vollzug dieser Waschungen „richtig" sauber ist. Über die Verheiratung ihrer Tochter kann Frau F noch nichts sagen.

5. Für die Hochzeitsnacht wurde ein Tuch auf das Bettlaken genäht. Nachdem der Geschlechtsverkehr stattgefunden hatte, duschte sich Frau F (wir nehmen an, daß es sich hier um die nach dem Koran erforderliche Waschung handelt). Gegen Morgen wurde das blutbefleckte Tuch von zwei weiblichen Verwandten abgeholt, um es den Eltern des Mannes zu zeigen. Danach wurden die Eltern von Frau F benachrichtigt, daß alles in Ordnung sei.
6. Zehn Tage nach der Hochzeit fuhr Frau F wieder nach Deutschland. Bis dahin wohnte das junge Ehepaar bei den Eltern des Mannes. Dieser wollte nicht nach Deutschland, da er zunächst seine Lehrerausbildung im Fach Französisch beenden wollte, weshalb er in Frankreich eine Schule besuchte. Nach vier Monaten wurden jedoch die Kosten, die Frau F für die Ausbildung an dieser Schule aufbringen mußte, da sie in Deutschland berufstätig war, zu hoch, so daß ihr Mann nach insgesamt einem Jahr ebenfalls in Deutschland eintraf. Im allgemeinen treffen sie Entscheidungen gemeinsam, es ist jedoch jedem gestattet, auch für sich alleine zu entscheiden.
7. Von Polygynie hat Frau F nur gehört. Sie ist aber in ihrer Familie nicht vorgekommen.
8. Frau F wünscht sich insgesamt zwei Kinder, wobei es ihr gleichgültig ist, ob es Mädchen oder Jungen sind. Für sie ist wichtig, daß ihre Kinder gesund sind.
9. Frau F war bei ihrer ersten Schwangerschaft 25 Jahre alt. Informationen über das Schwangersein bekam sie von ihrem Frauenarzt, da sie regelmäßig an den Vorsorgeuntersuchungen teilnahm. Deshalb hatte sie weder Angst noch Schwierigkeiten während der Schwangerschaft. Frau F war während dieser Zeit berufstätig und hatte im Haushalt dieselbe Arbeitsbelastung wie sonst.
10. Die Geburt fand in Deutschland im Krankenhaus statt. Ihr Mann wartete derweilen auf dem Flur vor dem Kreißsaal. Eine Freundin begleitete sie in den Kreißsaal, war jedoch in dem Moment, als das Kind kam, nicht dabei. Über den Verlauf einer Geburt wußte Frau F nicht Bescheid. Man hatte ihr nur gesagt, daß ein Kaiserschnitt nötig ist, vor dem sie

sich fürchtete. Die Geburt verlief zwar unter starken Schmerzen, aber wider Erwarten normal.

11. Frau F wünscht sich das zweite Kind, mit dem sie schwanger ist. Da Frau F die Anti-Baby-Pille nicht verträgt, hat sie die Pille nur zwei Monate eingenommen. Ansonsten hat ihr Mann „aufgepaßt".
12. Eine Abtreibung hat Frau F noch nicht vorgenommen. Sie weiß aber, daß viele türkische Frauen mit Tabletten selbst abtreiben. Informationen darüber bekommen sie von älteren Frauen des Dorfes.
13. Frau F besuchte in der Türkei wegen einer Eierstockentzündung einmal, in Begleitung ihres Schwagers, den Frauenarzt. Auch hier in Deutschland ist sie schon beim Frauenarzt gewesen. Sie geht nur bei Schwierigkeiten, Schmerzen oder Schwangerschaft zum Frauenarzt. Einmal hat sie an der Krebsvorsorgeuntersuchung teilgenommen. Zum ersten Frauenarzt in Deutschland, den ihr eine Freundin empfahl, wurde sie von ihrem Mann begleitet. Seither geht sie ohne Begleitung zum Frauenarzt. Mittlerweile hat sie den Arzt gewechselt. Ihn versteht sie besser als den ersten, da er langsam spricht und mehr auf sie eingeht. Trotzdem sind ihr die Untersuchungen unangenehm und sie schämt sich.
14. Über die Pro Familia hat Frau F nur durch einen Bericht in der Fuldaer Zeitung erfahren. Dort gewesen ist sie noch nicht.

15. Inhalte des Korans kennt sie nur von gelegentlichen Moscheebesuchen . Mit dem, was sie bis jetzt dort hörte, war sie einverstanden.

Frau G (Schwester von Frau C)

Frau G kannten wir bisher als zurückhaltende, verschlossene Frau, deshalb waren wir überrascht, daß sie mit großer Offenheit von ihren Erfahrungen erzählte. Bei unserer Befragung waren ihre Schwiegermutter, die kein deutsch versteht, und ihr achtjähriger Sohn, der fließend deutsch spricht, anwesend. Auch als ihr Mann, von dem wir meinen, daß er sich seiner Frau in vielem überlegen fühlt, dazukam, antwortete Frau G offen und selbstbewußt.

Frau G wurde 1945 als erstes von 11 Kindern, fünf Mädchen und sechs Jungen, in Ankara (Hauptstadt im Landesinneren der Türkei) geboren. Ihre Mutter ist Hausfrau, ihr Vater war „mütahit". Frau G selbst besuchte fünf Jahre lang die Grundschule und ein Jahr lang die Mittelschule. Sie ist zur Zeit Metallarbeiterin in einer Fabrik. Als Frau G 16 Jahre alt war, zog die ganze Familie nach Istanbul um, wo Frau G 1966 ihren jetzigen Mann heiratete. 1969 reiste sie nach Deutschland. Frau G erlitt einmal eine Fehlgeburt und hat danach zwei Kinder bekommen, ein Mädchen und einen Jungen.

1. Da Frau G das erste Kind ihrer Eltern ist, war es diesen gleichgültig, ob es ein Mädchen oder ein Junge ist.
2. Da Frau G schon mit sechs Jahren im Haushalt mitarbeiten mußte, hatte sie nur sehr wenig Zeit zum Spielen und hielt sich deshalb fast immer nur im Haus auf. Ihre Brüder, von denen keine Hilfe verlangt wurde, hatten sehr viel Freizeit. Frau G meint, daß ihre Eltern ihr viel Verständnis entgegen brachten. Sie hätten auch nicht versucht, sie von fremden Jungen fernzuhalten. Frau G mußte kein Kopftuch tragen und war europäisch gekleidet. Sie wurde nicht religiös erzogen. Die Waschungen hat sie von sich aus vollzogen, da sie wußte, daß ihre Eltern, Verwandten und Bekannten sie durchführen. Sexuell aufgeklärt wurde Frau G nicht.
3. Frau G hatte vor ihrer Ehe noch keinen Freund. Auch ihren Ehemann hatte sie vor der Verlobung noch nie gesehen. Die Eltern des Mannes hielten bei ihren Eltern um ihre Hand an. Weil auch Frau G ihr Jawort gab, wurde sie verlobt. Sieben Monate später fand die Hochzeit statt.
4. Die 14jährige Tochter hilft im Haushalt mit. Auch der achtjährige Sohn zeigt Interesse an der Hausarbeit, aber Frau G findet, daß er noch zu klein ist und die Arbeit eher behindert. Beide Kinder haben viel Freizeit und genießen sehr viel Freiheit. Die Tochter darf sogar als einziges türkisches Mädchen in Fulda mit Freundinnen Diskotheken besuchen, wie ihr Vater stolz berichtete. Sie wurde durch ihre Mutter aufgeklärt, damit ihr der Umgang mit ihrer Sexualität leichter fällt. Die Tochter darf auch vor ihrer Hochzeit Freunde haben. Sie muß allerdings darauf achten, daß sie bis zu ihrer Heirat Jungfrau bleibt, da es möglich sein kann, daß sie einen türkischen Mann heiraten will, der eine jungfräuliche Frau verlangt. Der Sexualkundeunterricht in der Schule ist von Frau G erwünscht. Eine religiöse Erziehung lehnt sie ab, auch die Waschungen hält sie für unwichtig.

   Da ein Ehepaar voraussichtlich das ganze Leben miteinander verbringen muß, hält es Frau G auch in bezug auf ihre Tochter für wichtig, daß sie ihren Ehepartner selbst auswählt.
5. Nach der Hochzeitsnacht mußte der Beweis der Jungfräulichkeit den Schwiegereltern nicht erbracht werden. Auch der Mann legte keinen Wert darauf, es anderen kundzutun.
6. Das Ehepaar hat nach der Hochzeit für zwei Monate bei der Schwiegermutter gewohnt, bis es eine eigene Wohnung gefunden hatte. Während dieser zwei Monate hat sich Frau G

die Hausarbeit mit ihrer Schwiegermutter geteilt. Entscheidungen wurden und werden von dem Ehepaar gemeinsam getroffen. Über die Migration nach Deutschland entschied jedoch der Mann alleine. Da es zu dieser Zeit für eine Frau einfacher war, eine Arbeit in Deutschland zu finden, war Frau G sechs Monate eher in der Bundesrepublik als ihr Mann.

Trotz Arbeitslosigkeit ihres Mannes und eigener Berufstätigkeit erledigt Frau G die Hausarbeiten vornehmlich alleine. Der Mann von Frau G brachte zu seiner Verteidigung vor, daß er Arbeiten wie Fensterputzen oder Wäscheaufhängen schon deshalb nicht verrichten könne, weil ihn Landsleute dabei beobachten könnten und über ihn lachen würden. Arbeiten im Haus wie Staubsaugen würde er gerne übernehmen. Hierauf stellte Frau G fest, daß dies innerhalb der 15 Ehejahre höchstens dreimal geschehen wäre.

7. Frau G hatte von einem Mann aus Ankara gehört, der noch mit mehreren Frauen gleichzeitig verheiratet gewesen sein soll.
8. Frau G wünschte sich zwei Kinder, ein Mädchen und einen Jungen. Ihr Mann hingegen wollte nur ein Kind, weil er meint, daß die Welt sowieso schon überbevölkert ist.
9. Frau G war bei ihrer ersten Schwangerschaft, die sie in der Türkei erlebte, 21 Jahre alt. Sie benötigte keine Informationen über den Schwangerschaftsablauf, da sie bei ihrer Mutter mindestens 10 Schwangerschaften miterlebte. Die Mutter war insgesamt 23mal schwanger. Da sie diesen Zustand noch nie an ihrem eigenen Körper erfahren hatte, hatte Frau G bei ihrer ersten Schwangerschaft doch Angst davor. Die erste Schwangerschaft endete nach drei Monaten mit einer Fehlgeburt. Die zweite Schwangerschaft fand ebenfalls in der Türkei statt, die dritte in Deutschland. Die Untersuchungen während der Schwangerschaft nahm Frau G sowohl in der Türkei als auch in Deutschland regelmäßig wahr. Besonders bei ihrer letzten Schwangerschaft verringerte sie ihre Tätigkeit im Haushalt, da sie sehr an Gewicht zugenommen hatte und sich schlecht bewegen konnte. Traditionelle Regeln für die Zeit der Schwangerschaft hält sie für Aberglaube und handelte nicht danach.
10. Frau G hat ihre erste Geburt im Krankenhaus in Istanbul, ihre zweite im Krankenhaus in Fulda erlebt. Bei beiden Geburten hatte sie Angstgefühle. In der Türkei dauerte der Krankenhausaufenthalt nur zwei Tage, in Deutschland dauerte er wesentlich länger, weil die Geburt mit Schwierigkeiten verlief und sie wegen starker Schmerzen unter Narkose ge-

setzt wurde. Beide Geburten fanden liegend statt, und Frau G konnte in bezug auf Technik, Ärzte und Hebammen keine Unterschiede zwischen den Krankenhäusern der Türkei und Deutschland feststellen. Die getrocknete Nabelschnur ihrer Tochter bewahrte sie zunächst auf, warf sie dann aber bald weg.

11. Das Ehepaar möchte keine weiteren Kinder. Für den Fall, daß eine Frau keine Kinder bekommen kann, ist Frau G nur eine Operation bekannt. Zur Verrhütung hat Frau G bereits in der Türkei die Anti-Baby-Pille eingenommen, die sie von ihrer Mutter her kannte. Frau G hat insgesamt 15 Jahre lang die Pille genommen. Mittlerweile ist sie nicht mehr mit der Pille zufrieden, da sie auf dem Standpunkt steht, daß „die Pille die Frauen kaputtmacht". Sie glaubt auch, ihr Geschwür an der Gebärmutter und ihre Kopfschmerzen auf die Pille zurückführen zu können. Auch eine Spirale möchte sie sich nicht einsetzen lassen, da diese möglicherweise Entzündungen und später Krebs verursacht. Eine Sterilisation kommt deshalb für sie nicht in Frage, weil sie schon zweimal gehört hat, daß sterilisierte Frauen trotzdem schwanger wurden. Auch ihr Mann ist gegen eine Sterilisation, weil er meint, daß dadurch die Gesundheit gefährdet und in die Natur eingegriffen wird. In den Pillenpausen und zur Zeit „paßte und paßt" der Mann beim Geschlechtsverkehr „auf". Er sagt, daß dies ihm Schwierigkeiten bereitet. Er bietet bereitwillig an, als erster die „Pille für den Mann" einzunehmen, wenn sie in Deutschland auf den Markt kommen sollte. Ein Kondom könne er jedoch „nicht sein ganzes Leben lang tragen".
12. Eine Abtreibung hat Frau G noch nicht vorgenommen. Sie weiß aber, daß in der Türkei oft im Krankenhaus abgetrieben wird. Eigenmächtige Abtreibungen werden durchgeführt, indem Frauen Cognac trinken, Tabletten nehmen und sehr warme Sitzbäder machen. Sie selbst würde allerdings nicht eigenmächtig abtreiben, da viele Frauen dabei sterben, wie dies auch bei ihrer Tante der Fall war.
13. Frau G war sowohl in der Türkei als auch in Deutschland schon bei Frauenärzten. Sie hat bis jetzt die Frauenärzte immer dann aufgesucht, wenn sie Beschwerden hatte. Hier in Deutschland hat sie schon des öfteren die Ärzte gewechselt, weil sie immer das Gefühl hatte, daß die Ärzte nicht genug auf sie eingehen, obwohl sie ihre Probleme jedesmal klar darlegt, und sich nicht in sie als türkische Frau hineinversetzen können. Jedesmal, wenn sie zum Frauenarzt geht, hat sie ein „komisches Gefühl". Frau G geht ohne Beglei-

tung zum Frauenarzt; es gibt keine Sprachschwierigkeiten.

14. Von den Tätigkeiten der Pro Familia hat sie durch Bekannte und Fernsehberichte erfahren. In der Beratungsstelle war sie selbst noch nicht.
15. Da Frau G der Koran nicht interessiert, hat sie ihn auch nicht gelesen, hat aber schon von anderen Frauen über die Inhalte des Korans gehört. Sie glaubt jedenfalls nicht, durch den Koran ihr Leben bereichern zu können. Sie will dieselben Rechte haben wie ein Mann, und deshalb gefällt es ihr nicht, daß im Koran dem Mann mehr Privilegien zugestanden werden.

Mädchen H

Im Anschluß an Frau G befragten wir ihre Tochter. Die Eltern, die wir vorher um Erlaubnis baten, waren sofort damit einverstanden . Bei ihrer Befragung war die ganze Familie im Wohnzimmer versammelt; mittlerweile war noch vierköpfiger Besuch der Verwandtschaft eingetroffen. Allerdings war nur der Vater daran interessiert, die Antworten seiner Tochter zu hören. Das Mädchen spricht perfekt deutsch.

H wurde 1967 in Istanbul geboren. Sie hat noch einen jüngeren Bruder. Die Mutter arbeitet, wie erwähnt, als Metallarbeiterin, der Vater war, nach eigenen Angaben, bis jetzt als Bauschlosser, Schmied, Porträtist, Drechsler, Maler, Schweißer usw. beschäftigt und ist zur Zeit arbeitslos. H selbst besuchte die Grundschule, ein Jahr lang die Hauptschule und wechselte nach der fünften Klasse aufs Gymnasium. Der Schulbesuch fand in Deutschland statt, nachdem sie 1971 endgütlig nach Deutschland geholt wurde.

1. Bei ihrer Geburt, so meint sie, wurde sie von ihren Eltern als Mädchen akzeptiert.
2. Wenn die Mutter ihr Aufträge im Haushalt erteilt, dann führt sie diese, allerdings nur manchmal, aus. Die Freizeit, die sie hat, genügt ihr. Da ihr Bruder noch klein ist, kann H nicht beurteilen, ob ihre Eltern Unterschiede bei der Erziehung machen. H ist sehr modern gekleidet. Der Umgang und auch Freundschaften mit Jungen sind ihr erlaubt. Die Mutter hat ihr jedoch gesagt, daß „etwas passieren könnte“. Sie soll ihre Jungfräulichkeit nicht leichtfertig aufs Spiel setzen und „aufpassen“, weil noch nicht abzusehen ist, ob ihr späterer Ehemann ein Deutscher oder ein Türke sein wird, denn „türkische Männer wollen Jungfrauen“. Von ihrem Vater hat sie die Versicherung, daß die Wahl ihres Ehemannes alleine ihr überlassen bleibt.

Mädchen I (Schwester von Mädchen J)
Wir trafen bei unserem Besuch I mit einer gleichaltrigen Bekannten zu Hause an. Wir machten sie sofort auf unser Anliegen, sie zu befragen, aufmerksam. Sie erklärte sich spontan dazu bereit, unsere Fragen zu beantworten und war gespannt und ungeduldig, bis wir anfingen. I spricht perfekt deutsch.
Sie wurde 1963 als fünftes von sieben Kindern, drei Mädchen und vier Jungen, in der Kleinstadt Kars geboren. Ihre Mutter hat in der Türkei Teppichknüpferin gelernt und ist jetzt als Metallarbeiterin beschäftigt. Ihr Vater hat in der Türkei den Beruf des Schreiners erlernt und ausgeübt und ist jetzt Arbeiter in einem Gummiwerk. Im Jahre 1969 kam sie mit ihren Eltern nach Deutschland. Im Januar 1971 wurde sie in die erste Grundschulklasse aufgenommen. Da sie kein deutsch sprach, wurde sie im Oktober erneut in der Grundschulklasse aufgenommen. Nach der Grundschule besuchte sie sechs Jahre lang die Realschule und ist zur Zeit auf einer einjährigen Berufsfachschule für Wirtschaft.

1. Da I als erstes Mädchen nach vier Jungen in der Familie geboren wurde, waren die Eltern über ihre Geburt erfreut.
2. I mußte und muß nahezu die gesamte Hausarbeit verrichten, glaubt aber dennoch viel Freizeit zu haben. Sie ist außerdem erheblich an der Erziehung ihrer kleinsten Schwester im Alter von sieben Jahren beteiligt. Ihre Brüder führen schon lange ein eigenes Leben. Sie sind erst vor kurzem nach Deutschland gekommen und leben bis auf den jüngsten nicht bei den Eltern. I hat keinen engeren Kontakt mit Jungen, da sie weiß, daß ihre Eltern auch nicht damit einverstanden wären. I ist stets modern gekleidet. Sie wurde nicht in die Koranschule geschickt und auch zu Hause nicht dazu angehalten, den Koran zu lesen. I wurde von ihren Eltern nicht aufgeklärt und es ist ihr unmöglich, Fragen zum Thema Sexualität an ihre Eltern zu richten, weil sie dies für allgemein nicht üblich hält. Sie wählt von selbst ein anderes Programm, wenn die ganze Familie vor dem Fernsehgerät sitzt und Nacktszenen, Paare beim Geschlechtsverkehr, Geburten, gynäkologische Untersuchungen oder ähnliches gezeigt werden. Das, was sie zum Thema Sexualität weiß, hat sie größtenteils durch ihre Cousine erfahren und den Rest hat sie von Freundninnen gehört.
   Die Erlaubnis zum Heiraten wird ihr frühestens nach Abschluß einer Berufsausbildung gegeben werden, also ungefähr im Alter von 22 Jahren. Mit ihrer Wahl des Bräutigams müssen die Eltern einverstanden sein.

15. Sie war noch nie beim Frauenarzt.

17. I kennt die Inhalte des Korans nur sehr wenig.Sie meint, der Koran müsse unbedingt in die heutige Zeit übertragen und ihr angepaßt werden, bevor man seine Anordnungen befolgen kann. Sie glaubt, vieles aus dem Inhalt des Korans akzeptieren zu können, handelt aber nicht immer danach. Viele Dinge zweifelt sie auch an.

Mädchen J (Schwester von Mädchen I)

Kurz nachdem wir I befragt hatten, kam J nach Hause und wollte auch befragt werden. Inzwischen war auch der Vater im Wohnzimmer anwesend. Er versteht kaum deutsch und hörte sich gerade die türkischen Nachrichten an. J spricht, genauso wie ihre Schwester, perfekt deutsch.

Sie wurde 1966 ebenfalls in der Kleinstadt Kars nach ihrer Schwester geboren. Auch sie kam 1969 mit ihren Eltern nach Deutschland. Da sie zunächst keine Beaufsichtigung hatte, wurde sie eineinhalb Jahre lang mit ihrer Schwester in die Schule geschickt. Sie besuchte die Grund- und Hauptschule bis zur neunten Klasse. Sie ist zur Zeit im ersten Jahr einer zweijährigen kaufmännischen Berufsfachschule.

1. J glaubt, daß auch bei ihrer Geburt Freude herrschte, daß sie ein Mädchen ist.
2. Die Mutter teilt die Hausarbeit ein und J verrichtet, gemeinsam mit ihrer Schwester, fast alles außer Kochen. Aber auch sie glaubt, daß sie neben Hausarbeit und Schule genug Freizeit hat. Es ist für sie offensichtlich, daß ihre Brüder tun können, was sie wollen. Ihre Mutter hat sich dafür eingesetzt, daß die Töchter nicht vom Vater gezwungen werden, nur Röcke statt Hosen und Kopftücher zu tragen. Deshalb ist sie modern gekleidet. Daß die Mädchen keine Kontakte zu Jungen haben sollen, wird von den Eltern nicht offen gesagt, sondern nur angedeutet. J fühlt sich zwar dadurch eingeengt, sieht es aber ein, da auch sie Angst vor dem Gerede anderer Landsleute hat. J wurde nur in der Schule aufgeklärt und kann ihre Eltern auf dieses Thema nicht ansprechen, da sie weiß, daß es diesen unangenehm ist. Über die islamische Waschung hat sie von einer Freundin erfahren. Der Vater verlangt von den beiden Schwestern, daß sie diese Waschungen durchführen, beauftragt aber die Mutter, ihnen dies zu sagen. J ging insgesamt nur dreimal in die Koranschule, aber nur, weil der Vater ihr dafür ein Geschenk versprochen hatte.

   J glaubt nicht, gegen ihren Willen verheiratet zu werden. Wahrscheinlich wird ihr zukünftiger Ehemann aus dem Bekanntenkreis der Familie stammen. Ihre Hochzeit soll frühestens stattfinden, wenn sie 23 Jahre alt ist und ihre

Berufsausbildung beendet ist. Freundschaften mit Jungen wird sie vor ihrer Hochzeit nicht haben können, da sie, wie sie sagt, in die traditionelle Rolle der türkischen Frau eingebunden ist. Sowohl ihren Eltern als auch ihr selbst ist es nicht gleichgültig, was andere Leute über sie denken und reden könnten. Ihre Situation in dieser Hinsicht gefällt ihr zwar nicht, aber sie weiß, daß sie nichts daran ändern kann.

15. Beim Frauenarzt war sie selbst noch nicht. „Dies ist erst nötig, wenn man verheiratet ist.“Sie begleitete bereits ihre Mutter oder Bekannte dorthin, um zu dolmetschen.

17. J kennt den Inhalt des Korans nicht besonders gut. Sie findet ihn insgesamt überholt, so zum Beispiel in bezug auf die Verschleierung der Frauen. Sie ist der Meinung, daß der Glaube in keinem Zusammenhang mit der Kleidung steht. Sie glaubt, daß die Moselms sich deshalb nicht vom islamischen Glauben lösen können, da jeder einzelne durch sein gesellschaftliches Umfeld daran gehindert wird und alle Eltern ihre Kinder zum Glauben erziehen, so wie es die eigenen Eltern taten. Sie ist der Auffassung, daß es auch durch die Erziehung bedingt ist,wenn Frauen sich von selbst ihren Männern gegenüber minderwertig fühlen.
    J stellte fest, daß der religiöse Fanatismus unter Türken in Deutschland stärker ist als in der Türkei.
    Von der Befragung ihrer Mutter rieten uns die Schwestern ab. Sie begründeten dies damit, daß sie, weil ihre Mutter unzureichend deutsch spricht, Sachverhalte übersetzen müßten, von denen sie, nach Ansicht ihrer Mutter, noch nichts wissen dürfen. Außerdem glauben sie, daß ihre Mutter meint, es wäre falsch, über Sexualität zu reden.

2. Besprechung der Interviews

Die Aussagen der von uns befragten Frauen könnten nicht repräsentativ sein, weil sie nicht nach bestimmten Gesichtspunkten wie Alter, Herkunft, Aufenthaltsdauer in Deutschland und ähnlichem ausgewählt wurden. Wir waren vielmehr auf solche Frauen angewiesen, zu denen wir bereits engeren Kontakt hatten. Da man bei Interviews nie davon ausgehen kann, daß die Fragen hundertprozentig wahrheitsgemäß beantwortet werden, kann man auch bei unserer Befragung nicht davon ausgehen. Ein Grund dafür, daß die Türkinnen unter Umständen verfälschte Angaben machten, kann zum Beispiel sein, daß das Vertrauen zu uns noch nicht so groß war, um uns direkten Einblick in ihre Intimsphäre geben zu wollen. Weiterhin könnte angenommen werden, daß die Türkinnen durch die Anwesenheit ihrer Ehemänner, ihrer Kinder oder anderer Personen befangen waren.

Auch durch Übersetzungsmängel könnten sich Unrichtigkeiten eingeschlichen haben. Es ist auch vorstellbar, daß den Frauen nicht bewußt war, wie wichtig ihre Antworten für uns sind, oder daß sie sich selbst über derartige Fragestellungen noch keine reiflichen Überlegungen gemacht hatten, so daß sie unter Umständen Sachverhalte zu erwähnen vergaßen. Es muß auch berücksichtigt werden, daß die von uns befragten Frauen im Alter zwischen 25 und 4o Jahren sind.Wir glauben,daß Frauen einer anderen Altersgruppe andere Erfahrungen gemacht haben und die Antworten infolgedessen unterschiedlich sind. Wir sind uns klar darüber, daß die Anzahl der von uns befragten Türkinnen sehr gering ist. Aber gerade weil wir nur wenige Frauen befragten, konnten wir feststellen, wie groß die Unterschiede zwischen türkischen Frauen sind. Die uns bekannte Literatur hingegen beschreibt türkische Frauen größtenteils pauschal und stereotypisiert diese somit, so daß viele Leser zwangsläufig den Eindruck erhalten, alle türkischen Frauen seien gleich. Wir hoffen, daß es mit unserer Befragung gelungen ist, dieses vorschnelle Urteil auszuräumen. Auch müssen, so wie es in der Literatur häufig dargestellt wird, nicht unbedingt krasse Unterschiede zwischen Stadt- und Landfrauen und denen vom Westen und Osten der Türkei stammenden Frauen bestehen. So konnten wir feststellen, daß alle von uns befragten Frauen, außer Frau B, egal ob sie aus einer Großstadt oder aus einem Dorf stammen, mindestens sechs Geschwister haben. Es ist anzunehmen, daß Frau B deshalb ein Einzelkind ist, weil ihre Eltern früh starben. Die Frauen selbst haben maximal drei Kinder. Das liegt daran, so glauben wir, daß die Ehepaare, die alle schon länger als acht Jahre in der Bundesrepublik leben, festgestellt haben, materielle Vorteile, mehr Freiheit, weniger Wohnprobleme usw. zu haben, wenn sie weniger Kinder aufziehen müssen.Außerdem ist es in der Bundesrepublik Deutschland nicht nötig,daß die Kinder für die Altersversorgung ihrer Eltern aufkommen.Auch auf männliche Nachkommen wird nicht mehr so großes Gewicht gelegt.

Fast alle Frauen gaben an, daß sie ihren Müttern sehr viel im Haushalt helfen mußten, während ihre Brüder sehr viel Freizeit hatten. Auch hier ist Frau B wieder die Ausnahme, weil ihre Großmutter vermögend genug war, sich eine Haushaltshilfe zu leisten. So war Frau B auch ein längerer Schulbesuch möglich. Sie besuchte sogar das Gymnasium und die Universität. Die anderen Frauen haben, bis auf eine, nur das Minimum an Schulbildung, nämlich die fünfjährige Grundschule, und absolvierten danach Ausbildungen oder Kurse in typischen Frauenberufen.

Daß bei den Töchtern der von uns befragten Frauen die Hilfe bei der Hausarbeit nur noch erwünscht ist, aber kein Zwang mehr dazu besteht, ist bestimmt auch auf die längere und intensivere Schulbildung in Deutschland zurückzuführen.
Das traditionelle Bild einer türkischen Frau, mit Kopftuch, langärmeliger Bluse und Pumphose unter einem Rock, konnte bei unserer Befragung nicht bestätigt werden. Alle Frauen waren auch in ihrer Kindheit schon europäisch oder sogar modern gekleidet. Nur eine Frau gab an, daß sie ein Kopftuch trug, sonst aber europäisch gekleidet war.
In bezug auf die Trennung der Geschlechter in der Pubertät scheint sich nur wenig geändert zu haben. Dieselben Mütter, die in ihrer Jugend den Kontakt mit Jungen verboten bekamen, setzen dieses Verbot bei ihren Töchtern fort, während sie ihren Söhnen Freiheit gewähren. Eine starke Änderung läßt sich in Hinsicht auf die sexuelle Aufklärung feststellen. Während die Frauen gar nicht aufgeklärt, sonst höchstens vor Jungen gewarnt wurden, haben alle vor, ihre Töchter aufzuklären oder haben dies bereits getan. Eine weniger starke Änderung ist in bezug auf die Wahl des Ehepartners eingetreten. Den meisten Frauen wurde der Ehemann von den Eltern ausgesucht. Daß Frau B die Initiative ergriffen hat, ist unserer Meinung nach auf die, im Gegensatz zu den anderen Frauen, sehr freie Erziehung zurückzuführen. Viel energischer noch erscheint uns Frau D; sie schlug im letzten Moment den von ihren Eltern für sie bestimmten Ehepartner aus, da sie die Auflagen ihres zukünftigen Schwiegervaters nicht erfüllen wollte, und bestimmte einige Jahre später ihren Ehepartner selbst. Sie bewies damit Selbstbewußtsein und starkes Durchsetzungsvermögen, was türkischen Frauen allgemein abgesprochen wird,besonders denen,die dem Dorf entstammen. Den Töchtern der türkischen Frauen ist schon eher die Möglichkeit gegeben,ihren Ehepartner selbst zu finden und zu bestimmen, weil die Eltern einsehen,für eine Heirat und spätere Ehe ist dies notwendig,um sich mit seinem Partner gut zu verstehen.Zwei Frauen gaben jedoch an,daß die Heitrat ihrer Töchter davon abhängt,ob sie auch mit dem zukünftigen Mann einverstanden sei.Das Bestreben der Eltern,ihre Töchter möglichst jung zu verheiraten, wie dies oft in der Literatur zu lesen ist, sehen wir durch die von uns befragten Türkinnen nicht bestätigt. Bis auf Frau B, die selbst im Alter von 19 Jahren schon heiraten wollte, und Frau C, die mit 18 Jahren verheiratet wurde, waren die Frauen bei ihrer Heirat zwischen 21 und 24 (oder 28) Jahre alt. Der Beweis ihrer Jungfräulichkeit anhand eines blutbefleckten Tuches wurde nur den Frauen D und F, die beide aus demselben Dorf stammen und Cousinen sind, abverlangt. Trotzdem können

wir daraus nicht ableiten, daß dieser Brauch nur noch in den Dörfern lebendig ist und in den Städten keine Gültigkeit mehr hat.
Alle von uns befragten Frauen gaben an, in ihrer Ehe als gleichberechtigte Partnerinnen behandelt zu werden.
Die Türkinnen wurden zwischen dem 20. und dem 25. Lebensjahr das erste Mal schwanger. Dabei wurden Frau B erst fünf Jahre und Frau C zwei Jahre nach ihrer Hochzeit schwanger, Frau D bis jetzt noch nicht, während bei den anderen Frauen eine Schwangerschaft kurz nach der Hochzeit eintrat.
Traditionelle Regeln, die es in der Türkei für die Zeit der Schwangerschaft gibt, sind nur drei der Frauen bekannt, werden aber von ihnen als Aberglaube und Unsinn abgetan. Die Gefühle während der Schwangerschaften wurden mit Freude auf das Kind, Unsicherheit dem unbekannten Zustand gegenüber und Angst im Hinblick auf die bevorstehende Geburt angegeben. Diese Gefühle hat,soweit uns bekannt ist die Mehrzahl der Schwangeren. Entgegen den Aussagen der Literatur, aber übereinstimmend mit den Angaben, die mehrere Fuldaer Frauenärzte uns gegenüber machten, nahmen alle befragten Türkinnen während ihrer Schwangerschaften regelmäßig an den Vorsorgeuntersuchungen teil. Dies taten sie sowohl in der Türkei als auch in Deutschland. Soweit sich die Frauen zum Zeitpunkt der Geburt in Deutschland befanden, wurden sie auch hier im Krankenhaus entbunden. Nur Frau E, bei der bereits zwei Geburten in einem türkischen Krankenhaus stattfanden, zog es vor, auch ihr drittes Kind in der Türkei zur Welt zu bringen, obwohl sie schon längere Zeit in der Bundesrepublik lebte. Zwei der Geburten, die in der Türkei stattfanden, nämlich die der Frau A, sind Hausgeburten. Wider Erwarten gebar Frau A im Liegen. Bei der Geburt des dritten Kindes im Krankenhaus in Deutschland fühlte sie sich jedoch sicherer und wohler.
Komplikationen, die, wie wir beschrieben haben, sich hauptsächlich bei ausländischen Frauen ergeben, konnten wir bei den von uns befragten Türkinnen nicht herausfinden.
Der Brauch, die getrocknete Nabelschnur ihres Kindes aufzubewahren, ist eher den Frauen aus den Städten bekannt; nur zwei von ihnen folgten diesem Brauch.
Bis auf zwei Frauen wußte keine, welche Hausmittel man anwenden kann, damit eine Frau, die sich Kinder wünscht und bis jetzt keine bekam, schwanger werden kann. Alle anderen rieten, zum Arzt zu gehen; eine dachte sogar an Adoption.
Als Verhütungsmethoden wurden die Anti-Baby-Pille und der Coitus Interruptus angegeben. Vier Frauen nahmen die Pille, zwei davon sind mittlerweile zum Coitus Interruptus übergegan-

gen. Bei den übrigen zwei Frauen wurde der Coitus Interruptus schon immer praktiziert.
Eine Abtreibung wurde noch bei keiner der Frauen vorgenommen. Vier Frauen hatten Kenntnisse darüber, wie Abtreibungen eigenmächtig vonstatten gehen können.
Alle befragten Türkinnen, bis auf eine, die ihren Mann zum Übersetzen benötigt, konsultieren den Frauenarzt ohne Begleitung. Angst vor den Untersuchungen haben die Frauen nicht unbedingt, drei gaben an, sich sehr zu schämen. Die Notwendigkeit, regelmäßig zum Frauenarzt zu gehen, sehen die Türkinnen nicht. Er wird nur bei dringenden Anlässen konsultiert. Nur Frau G gab an, regelmäßig an der Krebsvorsorge teilzunehmen.
Die Pro Familia-Beratungsstelle in Fulda ist nur einer Frau nicht bekannt. Erst drei der Frauen sind schon einmal dort gewesen, jedoch nicht wegen dringender eigener Belange.
Keine der Frauen richtet ihr Leben nach dem Koran aus. Frau C kennt den Inhalt des Korans nicht, vollzieht aber die vorgeschriebenen Waschungen und wünscht auch, daß ihre Tochter sie später durchführt. Frau A befolgt den Koran, aber nicht strikt, und verlangt dies auch nicht von ihren Töchtern. Frau F ist teilweise mit den Inhalten des Korans einverstanden und wird auch von ihrer Tochter verlangen, daß diese die Waschungen durchführt. Frau D und E kennen den Inhalt des Korans, befolgen ihn aber nicht. Hierbei ist zu erwähnen, daß Frau E, die sich als gläubig bezeichnet, von ihren Töchtern wünscht, daß diese den Koran lesen. Frau B und G lehnen den Inhalt des Korans total ab.
Bei der Befragung der Mädchen wurde ersichtlich, daß H eine recht freizügige Erziehung genießt, während die Schwestern I und J noch relativ konservativ erzogen werden, was unter Umständen daran liegen kann, daß die Eltern bereits über 50 Jahre alt sind. Gemeinsam ist den Mädchen die wesentlich bessere Schuldbildung im Gegensatz zu den Müttern. Die Freizügigkeit bei der Erziehung von H besteht darin, daß es ihr erlaubt ist, Freundschaften mit Jungen zu schließen, während I und J schon verboten ist, mit Jungen auf der Straße zu sprechen. Auch wenn H die Aufklärung durch ihre Mutter als nicht ausreichend empfand, so muß doch als positiv bewertet werden, daß ihre Mutter überhaupt mit ihr über Sexualität spricht; dies ist bei I und J nicht der Fall. In der Familie der Schwestern ist das Thema Sexualität so stark tabuisiert, daß es gänzlich gemieden wird. Die Erhaltung ihrer Jungfräulichkeit wird von allen drei Mädchen verlangt.
Die Verheiratung von H, I und J soll erst relativ spät erfolgen, nämlich nach Beendigung einer Berufsausbildung. H wird ihren Bräutigam selbst bestimmen; bei I und J wird die Wahl des Bräu-

tigams noch stark von den Eltern abhängen.
H kam nicht mit den Inhalten des Korans in Berührung. I und J kennen die Inhalte teilweise, stehen diesen aber kritisch gegenüber, was bei J auch zu Ablehnung führt.
Insgesamt konnten wir bei der Befragung der Frauen und Mädchen in vielen Bereichen eine Anpassung an europäische Verhältnisse feststellen, während aber in vielen Fällen noch an rigiden, überlieferten Normen und Wertvorstellungen festgehalten wird.

XIII. Nachwort

1. Verbesserungsvorschläge

Zunächst erscheint es uns wichtig, die allgemeine gesundheitliche Aufklärung für Türkinnen und Türken in Deutschland zu verbessern. Dies könnte unserer Meinung nach am einfachsten durch Broschüren geschehen. Sie sollten in türkischer Sprache geschrieben, einfach und verständlich formuliert und mit Abbildungen versehen sein, da, wie erwähnt, ein Teil der türkischen Bevölkerung nicht lesen kann. Wir halten es für nötig, daß zum Beispiel Arzt- und Krankenhausbesuche beschrieben werden, Informationen über Krankenversicherung, mögliche Folgen von Arbeitsunfällen usw. gegeben werden. Weiterhin sollten Themen wie Schwangerenvorsorge, Schwangerschaftsgymnastik, Geburtsablauf im Krankenhaus, Säuglingspflege, Nachsorge für Mutter und Kind, Familienplanung und Beratung bei der Pro Familia behandelt werden.
Es sind zwar bereits Broschüren in türkischer Sprache zu einigen dieser Themen erstellt worden, jedoch ist zu bemerken, daß diese nur einen Bruchteil der Adressaten erreichen. Deshalb schlagen wir vor, daß nicht nur bei Ärzten und der Pro Familia ausreichend Informationsmaterial vorhanden ist, sondern daß es auch in Betrieben, in denen viele türkische Frauen und Männer beschäftigt sind, in türkischen Geschäften, in Räumlichkeiten von Ausländervereinen und in Krankenhäusern, zum Beispiel auf der gynäkologischen Station, ausliegt. Es wäre auch wünschenswert, wenn die Krankenkassen derartige Broschüren an neue Mitglieder verschicken.
Da viele in Deutschland lebende Türkinnen und Türken regelmäßig die Ausstrahlungen des Senders für türkische Arbeitnehmer empfangen, halten wir es für effektiv, wenn auch dieser Sender Informationen und Hinweise zu den beschriebenen Themenkreisen ausstrahlen würden.
Wir sehen es auch als sinnvoll an, daß ein Merkheft, das Adressen von Ärzten, Krankenhäusern, Gesundheitsamt, Sozialamt,

Pro Familia und anderen Beratungsstellen, des nächsten Frauenhauses, Hebammen, Dolmetschern usw. vor Ort beinhaltet, in Umlauf gebracht wird. Auch hier sollten die Erklärungen in türkischer Sprache abgefaßt sein.
Kurse oder Seminare, die über die Mentalität, über die Lebensgewohnheiten,über die Situation der Türkinnen sowohl in der Türkei als auch in Deutschland und über die kulturellen Unterschiede informieren,könnten angeboten werden.Die Teilnahme von Ärzten,Geburtshelfern und Mitarbeitern der Pro Familia an solchen Kursen oder Seminaren halten wir deshalb für notwendig,weil sie dadurch Einblick in das Leben türkischer Frauen gewinnen könnten.Auch die Teilnahme der übrigen deutschen Bevölkerung befürworten wir.Es könnte dann vielleicht mehr Verständnis für türkische Frauen aufgebracht werden.
Fragebögen in türkischer Sprache, die Ärzte und Pro Familia-Mitglieder ihren türkischen Patientinnen und Klientinnen zur Beantwortung vorlegen, halten wir bei der Diagnosestellung für ratsam.
Daneben wäre es in Entbindungskliniken, in denen vermehrt Türkinnen entbinden, angebracht, eine Dolmetscherin zu beschäftigen, die unter Umständen während der Geburt anwesend ist. In Ausländer-Ballungsgebieten halten wir es für erforderlich, daß Pflege- und Betreuungspersonal deren Sprache erlernen. Außerdem muß türkischen Ärztinnen und Ärzten verstärkt die Möglichkeit gegeben werden, an der medizinischen Betreuung sowohl in Krankenhäusern als auch in eigenen Praxen mitzuwirken. Wir fordern auch eine Ausbildung in pflegerischen Bereichen für türkische Jugendliche.
Möglich wäre auch, zum Beispiel im Rahmen der „Maßnahmen zur Arbeitsbeschaffung", Frauen einzustellen, die bei schwangeren Türkinnen Hausbesuche unternehmen. Diese Frauen sollten in enger Zusammenarbeit mit den Frauenärzten über die Schwangerenvorsorge erklärend informieren und auf die Geburt vorbereiten, wobei auf die begünstigende Wirkung der Schwangerschaftsgymnastik hingewiesen werden soll. Hierbei wäre es wünschenswert, wenn die Frauen auch persönlich auf die Schwangeren eingingen. Da die Betreuung während nahezu der gesamten Zeit der Schwangerschaft erfolgt, könnte sich ein so enges Vertrauen entwickeln, daß die Türkinnen auch bei der Geburt von ihren Betreuerinnen begleitet werden wollen. Dies stellt unserer Meinung nach sowohl für die Gebärenden als auch für die Geburtshelfer eine große Erleichterung dar. Mit Hilfe dieser Betreuerinnen könnten problemorientierte Sprachkurse initiiert werden, innerhalb derer über Bereiche wie Schwangerschaft, Geburt, Säuglingspflege und vieles mehr gesprochen wird,

wobei deutsche Wörter und Redewendungen aus diesen Bereichen vermittelt werden. Träger dieser Kurse könnten die Volkshochschule oder die Pro Familia sein.
Diese Vorschläge und Forderungen gelten genauso auch für deutsche Frauen, denn bei uns ist die gesundheitliche Aufklärung und Betreuung ebenso noch lange nicht ausreichend. Deshalb sollten ausländische und deutsche Frauen diesen Forderungen gemeinsam Nachdruck verleihen.

2. Schlußbemerkung

Wir hoffen, mit unserer Arbeit einen Einblick in die Lebenssituation türkischer Frauen gegeben zu haben und somit größeres Verständnis für diese wecken konnten. Es kann nicht dabei belassen werden, türkische Frauen als unterdrückt, passiv, nicht anpassungsfähig, fremdartig, engstirnig oder ähnliches zu bezeichnen. Vielmehr muß der gesellschaftliche Rahmen, in den diese Frauen eingebunden und von dem sie auch abhängig sind, gesehen werden. Wie jeder werden auch die Türkinnen durch ihre Sozialisation geprägt, die größtenteils verhindert, daß sie ihre Benachteiligung gegenüber dem Mann, die Unterdrückung durch ihn und die Abhängigkeit von ihm nicht erfassen und sich somit nicht dagegen wehren können. Deshalb kann nicht verlangt werden, daß sie sich ihrer Situation von heute auf morgen bewußt werden. Aber auch eine Bewußtseinserweiterung in bezug auf ihre eigene gesellschaftliche Situation führt nicht zwangsläufig zur Veränderung ihrer Lage. Wenn sich auch einzelne türkische Frauen über ihre Stellung klar geworden sind und diese verbessern wollen, so bleibt der gesellschaftliche Rahmen trotzdem der alte. Er kann sogar noch rigider werden, wenn die Frauen versuchen, ihn zu sprengen, wie in Kapitel IX beschrieben wurde. Nicht nur große Fortschritte, sondern auch kleine Entwicklungen sollten Beachtung finden. Vielfach haben türkische Frauen auch Angst, selbständig zu werden, weil sie schon zu lange in Abhängigkeit lebten. Die Schuld darf aber nicht den türkischen Männern angelastet werden, denn auch ihre Situation ist durch Hilflosigkeit gekennzeichnet, wenn an ihrer privilegierten gesellschaftlichen Stellung gerüttelt werden soll. Dabei kann die Religion ein geeignetes Mittel sein, Normen und Wertvorstellungen zu begründen und zu verfestigen. In den meisten Fällen geben sich Türkinnen und Türken aber deshalb der Religion hin, um die Isolation im fremden Land zu überspielen und eine Gemeinsamkeit mit den Landsleuten herzustellen. Es kann auch der Versuch sein, ein Stück eigener Kultur im fremden Land zu bewahren.

XIII. Literaturhinweise

1. Weische-Alexa, Pia: Sozial-kulturelle Probleme junger Türkinnen in der Bundesrepublik Deutschland, Diplomarbeit an der PH Rheinland, Köln, Oktober 1977, 2. Auflage, September 1978, S. 82 f.
2. Karpf,Monika: Woher kommt Mehmet? in: Kindergarten heute, Zeitschrift für Erziehung im Vorschulalter, 1/81, S. 16.
3. Weische-Alexa, a.a.O., S. 82
4. Baumgartner-Karabak, Andrea/Landesberger, Gisela: Die verkauften Bräute, Reinbek bei Hamburg, März 1978, Rowohlt Verlag, S. 53.
5. Weische-Alexa, a.a.O., S. 68 f.
6. Genel Nüfus Sayimi (Census of Population — Volkszählung) Nüfusun sosyal ve ekonomik intelikleri (Social and Economic Characteristics of population), Hsg.: Basbakanlik Devlet Istatistik Enstitüsü (Republic of Türkey Prime Ministry State Institute of Statistics, 25.10.70) Ankara 1977, S. 102, in: ebenda, S. 68
7. Menk, A.-K./Mönch-Bucak, Y.: Türkische Schulen, in: Päd. Extra, 15. Februar 1977, S. 51 f, in: Baumgartner-Karabak/Landesberger, a.a.O., S. 53.
8. Karpf, a.a.O., S. 18.
9. Rohrmoser, H./Holste, C.: Pro Familia Projektvorstudie, Projektbericht Nr. 4, Frankfurt/Main, Juli 1980, 2. Auflage, Hrsg.: Pro Familia, Deutsche Gesellschaft für Sexualberatung und Familienplanung e.V., Bundesverband, S. 33.
10. Weische-Alexa, a.a.O., S. 85.
11. Roper, Joyce: The Woman of Nar, London, 1974, S. 119 ff. in: Weische-Alexa, a.a.O., S. 85
(Anm. d.Verf.: Nar ist ein Städtchen im Inneren Anatoliens, in der Nähe von Nevsehir.)
12. Landeszentrale für politische Bildungsarbeit Berlin: Zusammenleben mit Muslimen. Hrsg.: Jürgen Micksch, Verlag Otto Lembek, Frankfurt/Main, Februar 1980, S. 15.
13. Weische-Alexa, a.a.O., S. 85 f.
14. Baumgartner-Karabak/Landesberger, a.a.O., S. 55.
15. Karpf, a.a.O., S. 14.
16. Cosar, Fatma Mansur: Women in Türkish Society, in: Keddi, Nikki/Beck, Lois: Women in the Muslim World, Harvard University Press, Cambridge, Massachusetts and London, England, 1978, S. 126.
17. Weische-Alexa, a.a.O., S. 88.
18. Rohrmoser/Holste: Pro Familia Projektvorstudie, a.a.O., S. 31.
19. Weische-Alexa, a.a.O., S. 86.
20. ebenda, S. 86.
21. Cosar, a.a.O., S. 126.
22. Katrall, Dr.: Die türkische Familie, in: Materialen zum „Projektbereich Ausländische Arbeiter", Nr. 9, Hrsg.: AGG Bonn, S. 28.
23. Landeszentrale für politische Bildungsarbeit, a.a.O., S. 35.
24. Hottinger, Arndt: Zwischen Schleier und Emanzipation; Frauen im Islam: in; Neue Zürcher Zeitung vom 19.4.1980, Nr. 90.
25. Spezifische Probleme ausländischer Frauen in der Bundesrepublik Deutschland, in: ICMC, Menschen unterwegs, Nr. 1-1976, S. 14.
26. Mansfeld, Cornelia: „Wir brauchen nicht Hilfe, wir brauchen Mitmachen!", in: Institut für Sozialarbeit und Sozialpädagogik (ISS), 1/80, S. 61 f.
27. Weische-Alexa, a.a.O., S. 93 f.
28. ebenda, S. 91.
29. ebenda, S. 94.
30. ebenda, S. 96.
31. Planck, Ullrich: Die ländliche Türkei, Soziologie und Entwicklungsstadien, Frankfurt/Main, 1972, S. 252.
32. ebenda, S. 249 f.
33. Baumgartner-Karabak/Landesberger, a.a.O., S. 54.
34. ebenda, S. 56.
35. Cosar, a.a.O., S. 127.
36. Yasa, Ibrahim: Traditions of some atypical cases of marriage in Turkey, Siyasal Bilgiler Fakültesi Dergisi (Ankara), Cilt: XXIV. Say 1, 1-19, in: Weische-Alexa, a.a.O., S. 96.
37. Timur, Serim: Türkiyede Aile Yapisi (Familienstruktur in der Türkei), Ankara, 1972, S. 71, 73, in: Schmidt, Eberhard: Politik, Ökonomie, Kultur und praktische Reisetips, Reihe Roter Rucksack, Express Edition, Band 1, Berlin Juli 1980, S. 296.
38. Weische-Alexa, a.a.O., S. 57-59.
39. T.C. Basbakanlik Devlet Planlama Teskilati (Hrsg.: Staatliches Planungsamt des Ministerpräsidenten der Türkischen Republik): Türk Köyünde Modernlesme Egilimleri Arastirmasi (Untersuchung zu den Modernisierungstendenzen im türkischen Dorf), Ankara, 1970, S. 212, in: Schmidt, a.a.O., S. 297.
40. Weische-Alexa, a.a.O., S. 97.
41. Cosar, a.a.O., S. 126.
42. Kayankaya, Ilter: Aus der Praxis einer Frauenärztin, in: ISS 3/80, S. 102-105.
43. Karpf, a.a.O., S. 14.
44. Kayankaya, a.a.O.

45. Weische-Alexa, a.a.O., S. 100.
46. Timur, a.a.O., S. 300.
47. Mertens, Gabriele/Akpinar, Ünal: Türkische Migrantenfamilien, in: Materialien zum „Projektbereich...", Sonderheft 2, September 1977, S. 77.
48. Akpinar, Ünal: Sozialisationsbedingungen in der Türkei, in: Materialien zum „Projektbereich...", Sonderheft 1, S. 41.
49. Cücbilmez, Erdogan: Yenimhalle ve Kayadibi, karsilastirmali bir köy arastirmasi (Yenimhalle und Kayadibi, eine vergleichende Dorfuntersuchung), Ankara 1972, S. 205, in: Timur, a.a.O., S. 301.
50. Karpf, a.a.O., S. 14.
51. Landeszentrale für politische Bildungsarbeit, a.a.O., S. 15.
52. Karpf , a.a.O., S. 14.
53. Planck, a.a.O., S. 257.
54. Karpf, a.a.O., S. 14.
55. Weische-Alexa, a.a.O., S. 100 f.
56. Baumgartner-Karabak/Landesberger, a.a.O., S. 45 f.
57. Planck, a.a.O., S. 259 f.
58. Coşar, a.a.O., S. 127.
59. Planck, a.a.O., S. 259.
60. ebenda, S. 246.
61. Kayankaya, a.a.O.
62. Menk, A.-K./Mönch-Bucak, Y./Reimers, E.: Türkisch im Kreißsaal, Bremen 1978, S. 236.
63. Franger, Gaby: Schwangerschaft und Geburt — wie erleben Türkinnen sie in der Heimat und hier, in: ISS 4/80, S. 30.
64. ebenda, S. 30.
65. Menk/Mönch-Bucak/Reimers, a.a.O., S. 233.
66. Franger, a.a.O., S. 30.
67. Karpf, a.a.O., S. 16.
68. Menk/Mönch-Bucak/Reimers, a.a.O., S. 235.
69. Statistisches Bundesamt Wiesbaden: Statistik des Auslandes, Länderkurzbericht Türkei, 1977, Verlag W. Kohlhammer GmbH Stuttgart und Mainz, S. 12.
70. Planck, a.a.O., S. 187.
71. ebenda, S. 188 f.
72. Menk/Mönch-Bucak/Reimers, a.a.O., S. 235.
73. Planck, a.a.O., S. 189.
74. Menk/Mönch-Bucak/Reimers, a.a.O., S. 235.
75. Oeter, K./Collatz, J./Hecker, H./Rohde, J.J.: Werden die präventiven Möglichkeiten der Schwangerenvorsorge ausreichend genutzt?, in: Gynäkologie, 12.79, Heidelberg, Springer Verlag 1979, S. 171.
76. Franger, a.a.O., S. 31.
77. Endl, J./Tatra, G.: Die Gastarbeiterin als Patientin in einer gynäkologischen Klinik, in: Wiener klinische Wochenschrift, Wien, 86, 4, 1974, S. 100-102.
78. Endl, J./Tatra G.: Geburtshilfliche Aspekte bei Gastarbeiterinnen, in: Wiener klinische Wochenschrift, a.a.O., S. 102.
79. Akkent, Meral/Gültepe, Nerin: Ratgeber — für wen?, in: ISS 1/80, S. 178.
80. Sator, Ferdinand, Dr. med.: Sozialindikatoren und Säuglingssterblichkeit, Wien 1976, Dissertation zur Erlangung des Doktorgrades an der Grund- und Integrativwissenschaftlichen Fakultät der Universität Wien, 1978, S. 185, 190.
81. Menk/Mönch-Bucak/Reimers, a.a.O., S. 236.
82. TÖK-YD Verlag Nr. 1: Das wahre Gesicht der Türkei, Kontaktadresse: I. Akaltun, 41 Duisburg 11, Kaiser-Wilhelm Str. 252, S. 50.
83. Wittlinger, H./Hohlweg-Majert, P./Sievers, S.: Schwangerschaft und Geburt bei Gastarbeiterinnen, in; Medinzinische Klinik 1972 (1977), (Nr. 2), S. 35.
84. Oeter/Collatz/Hecker/Rohde, a.a.O., S. 168.
85. Wittlinger/Hohlweg-Majert/Sievers, a.a.O., S. 35.
86. Saurwein, A.: Entbindungen bei Ausländerinnen, in: Geburtshilfe und Frauenheilkunde 29, 1969, Leipzig, S. 729.
87. Hohlweg-Majert, Peter: Gynäkologische und geburtshelferische Betreuung von Gastarbeiterinnen, in: Deutsches Ärzteblatt, Heft 11 vom 14. März 1974, S. 781.
88. Menk/Mönch-Bucak/Reimers, a.a.O., S. 233.
89. Franger, a.a.O., S. 32.
90. Menk/Mönch-Bucak/Reimers, a.a.O., S. 241.
91. Kayankaya, a.a.O.
92. Franger, a.a.O., S. 30.
93. Akkent, Meral: Erfahrungen türkischer Dorfhebammen, in: ISS 2/80, S. 161.
94. Franger, a.a.O., S. 30.
95. Menk/Mönch-Bucak/Reimers, a.a.O., S. 233.
96. Akkent, a.a.O., S. 161.
97. Franger, a.a.O., S. 30.
98. Menk/Mönch-Bucak/Reimers, a.a.O., S. 242.
99. Franger, a.a.O., S. 30.
100. Menk/Mönch-Bucak/Reimers, a.a.O., S. 241.
101. Franger, a.a.O., S. 30.
102. Akkent, a.a.O., S. 161.
103. Franger, a.a.O., S. 30.
104. Menk/Mönch-Bucak/Reimers, a.a.O., S. 246.

105. ebenda, S. 249.
106. ebenda, S. 240.
107. Psychrembel, Willibald, Prof. Dr. med. Dr. phil.: Klinisches Wörterbuch mit klinischen Syndromen, Walter de Gruyter Verlag, Berlin-New York, 1975.
108. Akkent, a.a.O., S. 161.
109. TÖK-YD Verlag, a.a.O., S. 52.
110. Akpinar, a.a.O., S. 35.
111. Menk/Mönch-Bucak/Reimers, a.a.O., S. 246.
112. T.C. Bacbakanlik..., in: Schmidt, a.a.O., S. 302.
113. Karpf, a.a.O., S. 16.
114. Menk/Mönch-Bucak/Reimers, a.a.O., S. 244.
115. Franger, a.a.O., S. 30.
116. Menk/Mönch-Bucak/Reimers, a.a.O., S. 234.
117. Franger, a.a.O., S. 30 f.
118. Menk/Mönch-Bucak/Reimers, a.a.O., S. 242.
119. Franger, a.a.O., S. 31.
120. Hohlweg-Majert, a.a.O., S. 781.
121. Saurwein, a.a.O., S. 729.
122. Wittlinger, H./Beck, H.O./Brander, U.: Zur Problematik der Ausländerentbindung, in: Geburtshilfe und Frauenheilkunde, Leipzig, 31, 1971, S. 1182.
123. Menk/Mönch-Bucak/Reimers, a.a.O., S. 240.
124. Schneider, K.-D.: Analgetikaverbrauch unter der Geburt. Vergleich zwischen Ausländerinnen und Deutschen, Inaugural-Dissertation zur Erlangung der medizinischen Doktorwürde an den Medizinischen Fachbereichen der Freien Univeristät Berlin, 1977, S. 33.
125. Rimbach, E.: Schwangerschaften und Geburten bei Ausländerinnen, in: Archiv für Gynäkologie, 204, Berlin, 1967, S. 293-295.
126. Schneider, a.a.O., S. 34.
127. Saurwein, a.a.O., S. 729 f.
128. Wittlinger/Beck/Brander, a.a.O., S. 1177.
129. Schliemann, F. und G.: Über den Geburtsverlauf bei Ausländerinnen, in: Geburtshilfe und Frauenheilkunde, Leipzig, 35, 1975, S. 216.
130. Saurwein, a.a.O., S. 729.
131. Menk/Mönch-Bucak/Reimers, a.a.O., S. 243.
132. Wittlinger/Beck/Brander, a.a.O., S. 1176.
133. Schliemann, a.a.O., S. 213.
134. Pschyrembel, a.a.O.,
135. Staatliches Institut für Statistik 1974, in: TÖK-YD Verlag, a.a.O., S. 52.
135. Cep Yilligi 1972 (Statistisches Taschenbuch der Türkei 1972), Ankara, 1973, S. 38, in: Materialien zum „Projektbereich...“, Sonderheft 1, a.a.O., S. 22 f.
137. Menk/Mönch-Bucak/Reimers, a.a.O., S. 244.
138. Brandt, F., Diplom-Soziologe, Hrsg.: Bundesminister für Jugend, Familie und Gesundheit: Situationsanalyse nichterwerbstätiger Ehefrauen ausländischer Arbeitnehmer in der BRD, S. 126.
139. Endl/Tatra, Gastarbeiterinnen in einer gynäkologischen Klinik, a.a.O.
140. Saurwein, a.a.O., S. 733.
141. Weise, H.J.: Internationaler Reiseverkehr und meldepflichtige übertragbare Krankheiten in der Bundesrepublik Deutschland, Bundesgesundheitsblatt Nr. 12. (1975), in: Müller-Breitkreuz, C.: Kinder ausländischer Arbeitnehmer, in: Das öffentliche Gesundheitswesen, 41. Jahrgang, Sonderheft 1, September 1979, S. 30 f.
142. Müller-Breitkreuz, C.: Kinder ausländischer Arbeitnehmer, in: Das öffentliche Gesundheitswesen, 41. Jahrgang, Sonderheft 1, September 1979, S. 31.
143. Otto, H.S.: Tuberkulose bei Gastarbeiterkindern, Bundesgesundheitsblatt Nr. 23 (1973), in: ebenda, S. 31.
144. Müller-Breitkreuz, a.a.O., S. 31.
145. Franger, Gaby: Gesundheitsprobleme ausländischer Frauen und Kinder, in: ISS 4/80, S. 33.
146 Kayankaya, a.a.O.
147. Yasa, Ibrahim: Türkiyenin Toplumsal Yapisi ve Temel Sorunlari (Die gesellschaftliche Struktur der Türkei und ihre Grundprobleme), Ankara, 1973, S. 211, in: Materialien zum „Projektbereich...“, Sonderheft 1, S. 33.
148. Eger, Gudrun: Familienplanungsprogramme oder Änderung der sozio-ökonomischen Verhältnisse?, Saarbrücken, 1975, S. 15 f.
149. Yasa, a.a.O., S. 33.
150. eband, S. 33.
151. T.C. Basbakanlik ..., in: Materialien zum „Projektbereich...“, Sonderheft 1, S. 33.
152. Kayankaya, a.a.O.
153. Akkent, a.a.O., S. 161.
154. Franger: Schwangerschaft und Geburt..., a.a.O., S. 29 f.
155. Rohrmoser/Holste: Projektvorstudie, a.a.O., S. 20.
156. Kayankaya, a.a.O.
157. Rohrmoser, H./Holste, C.: Pro Familia Jahresbericht, Projektbericht Nr. 6, Frankfurt/Main, Dezember 1980, Hrsg.: Pro Familia, Deutsche Gesellschaft für Sexualberatung und Familienplanung e.V., S. 86.
158. Kayankaya, a.a.O.

159. Blanke, Hanna: Ausländerberatung in der Pro Familia, Frankfurt/Main, Juli 1979, S. 16.
160. Kayankaya, a.a.O.
161. Rohrmoser(Holste: Jahresbericht 1980, a.a.O., S. 30.
162. Kayankaya, a.a.O.
163. Menk/Mönch-Bucak/Reimers, a.a.O., S. 238.
164. Rohrmoser/Holste: Jahresbericht 1980, a.a.O., S. 48, 55.
165. ebenda, S. 51 f.
166. Kayankaya, a.a.O.
167. Rohrmoser/Holste: Projektvorstudie, a.a.O., S. 7.
168. ebenda, S. 7.
169. Statistische Abteilung des Arbeitsamtes Fulda, Statistisches Amt der Stadt Fulda.
170. Bagana, E./Burgsmüller, C.: Mißhandelte ausländische Frauen — ihre soziale und rechtliche Situation, in: ISS 3/80, S. 83.
171. Treff- und Informationsort für türkische Frauen (Lausitzer Str. 146, 1 Berlin 36): Zwischenbericht, S. 9.
172. Bagana/Burgsmüller, a.a.O., S. 83.
173. ebenda, S. 83 f.
174. Mansfeld, C.: Ausländerinnen im Frauenhaus, in: Informationen für die Frau, Folge 5, Mai 1978, 27. Jahrgang, S. 10.
175. Treff- und Informationsort ..., a.a.O., S. 8.
176. Bagana/Burgsmüller, a.a.O., S. 85 f.
177. Koran, Wilhelm Goldmann Verlag, München, 1980, S. 5-10.
178. Khoniy, Adel-Th.: Einführung in die Grundlagen des Islam, Graz, Wien, Köln, 1981, S. 126.
179. Koran, a.a.O., S. 5-10.

XIV. Literaturverzeichnis zum Thema.

1. Baumgartner-Karabak, Andrea/Landesberger, Gisela: Die verkauften Bräute, Reinbek bei Hamburg, März 1978.
2. Beck, Lois: Women in the Muslim World, Harvard University Press, Cambridge, Massachusetts and London, England, 1978.
3. Bertelsmann-Lexikon, Ausgabe von 1973
4. Blanke, Hanna: Ausländerberatung in der Pro Familia, Frankfurt/M., Juli 1979.
5. Brandt, F.: Situationsanalyse nichterwerbstätiger Ehefrauen ausländischer Arbeitnehmer in der Bundesrepublik Deutschland.
6. Die ganze Heilige Schrift des Alten und Neuen Testaments, nach der Übersetzung.
7. Eger, Gudrun: Familienplanungsprogramme oder Änderung der sozio-ökonomischen Verhältnisse? Saarbrücken, 1975.
8. Khoniy, Adel-Th.: Einführung in die Grundlagen des Islams, Graz, Wien, Köln, 1981.
9. Koran, Wilhelm Goldmann Verlag, München, 1980.
10. Landeszentrale für politische Bildungsarbeit Berlin: Zusammenleben mit Muslimen, Hrsg.: Jürgen Micksch, Frankfurt/M., Februar 1980.
11. Menk, A.-K./Mönch-Bucak, G./Reimers, E.: Türkisch im Kreißsaal, Bremen, 1978.
12. Planck, Ullrich: Die ländliche Türkei, Soziologie und Entwicklungsstadien, Frankfurt, 1972.
13. Pschyrembel, Willibald, Prof. med. Dr. phil.: Klinisches Wörterbuch mit klinischen Syndromen, Berlin-New York, 1975.
14 Rohrmoser, H./Holste, C.: Pro Familia Projektvorstudie, Projektbericht Nr. 4., Frankfurt/M., Juli 1980, 2. Auflage, Hrsg.: Pro Familia, Deutsche Gesellschaft für Sexualberatung und Familienplanung e.V., Bundesverband, Cronstettenstr. 30, 6 Frankfurt/M. 1.
15. Rohrmoser, H./Holste, C.: Pro Familia Jahresbericht, Projektbericht Nr. 6, Frankfurt/M., Dezember 1980.
16. Sator, Ferdinand, Dr. med.: Sozialindikatoren und Säuglingssterblichkeit, Wien 1976, Dissertation zur Erlangung des Doktorgrades an der Grund- und Integrativwissenschaftlichen Fakultät der Universität Wien, Wien, 1978.
17. Schmidt, Eberhard: Die Türkei, Politik, Ökonomie, Kultur und praktische Reisetips, Reihe Roter Rucksach, Express Edition, Band 1, Berlin, Juli 1980.
17. Schneider, Klaus-Dirk: Analgetikaverbrauch unter der Geburt, Vergleich zwischen Ausländerinnen und Deutschen, Inaugural-Dissertation zur Erlangung der medizinischen Doktorwürde an den Medizinischen Fachbereichen der Freien Universität Berlin, 1977.
19. Statistisches Bundesamt Wiesbaden: Statistik des Auslandes, Länderkurzbericht Türkei, 1977.
20. Treff- und Informationsort für türkische Frauen, Zwischenbericht, Lausitzer Str. 146, 1 Berlin 36.
21. Weische-Alexa, Pia: Sozial-kulturelle Probleme junger Türkinnen in der Bundesrepublik Deutschland, September 1978, 2. Auflage.
22. Archiv für Gynäkologie, 204, Berlin, 1967.
23. Das öffentliche Gesundheitswesen, 41. Jahrgang, Sonderheft 1, September 1979.
24. Deutsches Ärzteblatt, Heft 11, vom 14. März 1974.
25. Geburtshilfe und Frauenheilkunde 29, 1969, Leipzig.
26. Geburtshilfe und Frauenheilkunde 31, 1979, Leipzig.
27. Geburtshilfe und Frauenheilkunde 35, 1975, Leipzig.
28. Gynäkologie 12, 1979, Heidelberg, Springer Verlag 1979.
29. ICMC, Menschen unterwegs, Nr. 1-1976.
30. Informationen für die Frau, Folge 5, Mai 1978, 27. Jahrgang.
31. Institut für Sozialarbeit und Sozialpädagogik (ISS), 1/80, Am Stockborn 5-7, 6 Frankfurt/M. 50.
32. ISS 2/80
33. ISS 3/80
34. ISS 4/80
35. Kindergarten heute, Zeitschrift für Erziehung im Vorschulalter 1/81.
36. Materialien zum „Projektbereich Ausländische Arbeiter", Nr. 9, Hrsg.: AGG, Rheinweg 34, 53 Bonn.
37. Materialien zum „Projektbereich...", Sonderheft 1, Hrsg.: AGG Bonn.
38. Materialien zum „Projektbereich...", Sonderheft 2, Hrsg.: AGG Bonn.
39. Medizinische Klinik 72, (1977) (Nr. 2.).
40. Neue Zürcher Zeitung, vom 19.4.1980, Nr. 90.
41. TÖK-YD Verlag Nr. 1: Das wahre Gesicht der Türkei, Kontaktadresse: I. Akaltun, Kaiser-Wilhelm Str. 252, 42 Duisburg 11.
42. Wiener klinische Wochenschrift, Wien, 86, 4, 1974.

Bulgarien
Griechenland
Schwarzes Meer
UDSSR
Istanbul
Bosporus
Marmara Meer
Bursa
Inegöl
Samsun
Trabzon
Kars
Ankara
Türkei
Erzurum
Ağrı
Izmir
Salz See
Kayseri
Van See
Konya
Iran
Hakkari
Adiyaman
Antalya
Adana
Syrien
Irak
Mittelmeer